Klaus Berger

Widerworte

Wieviel Modernisierung
verträgt Religion?

Insel Verlag

Satz und Druck: Memminger MedienCentrum AG
Printed in Germany
Erste Auflage 2005
ISBN 3-458-17277-7

1 2 3 4 5 6 – 10 09 08 07 06 05

INHALT

III. THEOLOGIE IN DEUTSCHLAND

Vorwort

Pfeffer und Salz zu streuen ist mein Anliegen in den Beiträgen dieses Buches. Beide Gewürze gelten dem Grenzbereich zwischen Religion und Gesellschaft. Dieser ist besonders gefährdet, wenn Religion so stark in Gesellschaft aufgeht wie in unserem Land. Beide Gewürze dienen Menschen, die oft an einem Übermaß von Konsens und Correctness zu ersticken drohen.

Der hier Pfeffer und Salz streut, tut es im Hochmut eines reichen Menschen. Denn durch meine dreifache »Staatsbürgerschaft« – im frühen Judenchristentum, im zisterziensischen 12. Jahrhundert und in der Gegenwart – habe ich Zugang zu so vielen geistigen und geistlichen Ressourcen, daß ich mich in der Armut der Gegenwart oft fühle wie einer, der mit vollen Händen geben kann. Das ist dann zum allerwenigsten Eigenes, zum größten Teil Empfangenes.

Die Fremdheit der Ressourcen, aus denen ich schöpfe, bedeuten für mich einen unermeßlichen Reichtum. Die fremden Quellen sind für mich nicht vergangen, sondern ein Potential, aus dem Kritik und Bereicherung zugleich kommen.

Der vorliegende Band bietet – zum Teil an entlegenem Ort publizierte, zum Teil unpublizierte – engagierte Stellungnahmen aus den letzten Jahren. Nicht wissenschaftliche Fachbeiträge sind hier gesammelt, sondern Positionspapiere. Diese Beiträge sind gar nicht zu verstehen ohne den Hintergrund meiner Vortragstätigkeit, die sich in rund 160 Vorträgen pro Jahr über ganz Deutschland erstreckt. Deshalb antworten diese Artikel auf eine sehr weit verbreitete Angst und Orientierungslosigkeit. Die empirische Basis ist das Interesse der Menschen in unserem Land an wissenschaftlich begründeten oder begründbaren Thesen, die gleichwohl allgemein verständlich sind. Viele kritische Diskussionsbeiträge sind schon in die Urfassungen der Beiträge eingeflossen.

Da es meiner Überzeugung nach die Kategorien »modern« oder »altmodisch« für eine Religion nicht geben kann, halte ich im übrigen Einstufungen in Schubladen wie »reaktionär« oder »progressiv« für aussichtslos. Denn in religiösen Dingen sind fast alle Positionen nach kurzer Zeit erstarrt oder solche von vorgestern unerhört aktuell. – Überall wird man freilich den Zeilen ansehen können, daß ich das Neue Testament sehr liebe und darum kämpfe, daß es gehört wird. Gleichzeitig warne ich davor, den Exegeten zu überschätzen, da er sonst gezwungen ist, anderen Zwecken als dem einen zu dienen, nämlich Anwalt dieses Textes zu sein.

Kritik und Polemik sind nicht alles, was ich zu sagen habe. Beides muß aber sein, um einem Zeitgeist entgegen zu stehen, der Toleranz für einen Religionsersatz und alle Katzen für grau hält. Wer einen Standpunkt hat, dürfte es nicht leicht haben in unserem Land. Stets fühlen sich Menschen ausgegrenzt, wenn man nur den Mund auftut. Wer diesen Eindruck hat, soll bei der Lektüre die Nerven behalten und wissen, daß ich Grenzen für notwendig halte und sie tunlichst achten möchte.

Heidelberg, am Fest Mariä Lichtmeß 2005 *Klaus Berger*

I. Ökumene

1. Protestanten, rettet die Katholiken! Plädoyer für eine Ökumene, die keine Mogelpackung ist

Kühl, sehr kühl hatten die Protestanten die Enzyklika des Papstes »Die Kirche über die Eucharistie« (2003) aufgenommen. Worte vom Rückschlag und Rückfall machten die Runde. Und hinter vorgehaltener Hand erzählte man, der Kardinal vom vatikanischen Sekretariat für die Einheit der Christen, Kasper, sei überhaupt gegen die Publikation gewesen, hielte das Schreiben für schlicht überflüssig.

Angesichts dessen fragt man sich, welche Szenerie sich da eigentlich aufgebaut hat. Stehen wir in einem Zweikampf mittelalterlicher Recken oder neuzeitlicher Boxer, in denen des einen Vorteil jeweils des anderen Nachteil ist? Hat der Papst hier etwa »gewonnen«? Hätte er etwas schreiben müssen, das die Protestanten freut? Um welchen Preis würde das Match spannender? Anscheinend lauert man auf jeden Millimeter, den der Papst der anderen Seite entgegenkommt. Wenn ja, dann herrscht Jubel. Stellt er den katholischen Standpunkt klar dar, ist man sauer (»Ich finde, es hätte dieser Wiederholung nicht unbedingt bedurft«, ließ sich etwa unser Bundespräsident Rau zur Enzyklika vernehmen).

Da zählt es dann auch gar nicht, daß ich von irgendeinem Entgegenkommen der Protestanten extrem selten etwas gehört habe. Betrachten sich die Protestanten etwa als die umworbene Schöne, die immer sagen kann: Es reicht noch nicht, mein Lieber? Und was ist dann wirklich erreicht, wenn alles Katholische protestantisch geworden ist, wie es das Kirchenvolksbegehren offenkundig anstrebt? Doch wer auch immer und auf welcher Seite auch immer die Sehnsucht nach der Einheit der Christen als Machtspielchen ansieht oder betreibt, hat die falsche Optik. Ich kenne das Spiel seit fünfzig Jahren: Jede Äußerung wird gewogen, ob sie in Richtung Einheit führt oder ein Rückschritt ist. Berufsökumeniker sind da wie Wetterpropheten. Doch so kann es noch Jahrhunderte gehen.

Gern überliest man daher in der Enzyklika all das Undramatische, das der Papst in sehr persönlichen Worten zu den ökumenischen Bestrebungen sagt. Er dankt Gott für »bedeutsame Fortschritte und Annäherungen, die uns auf eine Zukunft in voller Glaubensgemeinschaft hoffen lassen«. Er nennt die Protestanten »kirchliche Gemeinschaften«, er bezeichnet ökumenische Gebetstreffen und Wortgottesdienste als in sich selbst lobenswert, da sie auf die ersehnte volle Gemeinschaft vorbereiten. Er spricht von Gnade, die auf den Weg der Ökumene geführt habe. Er lobt das ökumenische Engagement und das brennende Verlangen nach Einheit. Und unter besonderen Umständen erlaubt er auch Interkommunion, etwa bei Lebensgefahr, aber immerhin.

Nur auf den einen Punkt hat sich indes die Lektüre der Enzyklika im wesentlichen konzentriert: auf das Verbot der Interkommunion und der Interzelebration (aktive Teilnahme protestantischer Geistlicher am Altar). Genau das aber wird in Deutschland schon praktiziert und wäre auf dem Kirchentag, Medienspektakel hin oder her, nichts Neues. Ich finde das bedauerlich und kontraproduktiv und meine, daß diese Praxis auch evangelischerseits keine Zustimmung finden dürfte. Man muß die deutsche Mentalität kennen, um die Wut gegenüber den »Bremsern« (gemeint sind Papst und Bischöfe) zu verstehen. Sie ist gerade bei den noch relativ engagierten Katholiken ausgeprägt. Nach deren Selbstverständnis geht es um eine Revolution von unten, die wie bei einem Dammbruch alles hinwegschwemmen soll und kann, was Theologen und Bischöfe gegen das gemeinsame Abendmahl so vorbringen. Man ist die theologischen Streitigkeiten und subtilen Begründungen gründlich satt und verweist immer darauf, wie gut man sich schon verstehe. »Hier vor Ort sind wir schon viel weiter als Sie, Herr Professor«, sagte mir neulich eine engagierte Katholikin. Kein Wunder: Man wertet die Laien weitgehend auf, spricht sie mündig, lobt wie der Papst die Ökumene – und dann will man sie mitten im Laufen zehn Meter vor dem Ziel anhalten? Die Tendenz geht auf Wegwischen aller Theologie und Tradition – zugunsten von Harmonie und Liebesmahl. Der berühmte gute Wille steht gegen religiöse Identität, die man dann nicht selten noch als »Kopflastigkeit« diffamiert.

Ein Teil der Ortspfarrer ist dem Papst und Kardinal Ratzinger in dieser Hinsicht bereits uneinholbar davongelaufen. Hand in Hand damit geht ein gigantischer Verlust an dem, was man früher Theologie nannte. Neunzig Prozent Deutschlands sind in diesem Sinne theologiefreie Zone. Viele Laien verstehen die ihnen zugesprochene Mündigkeit wie die Aushändigung eines theologischen Doktordiploms. Und da es bei den Pfarrern manches Mal ähnlich ist, weil ihre Ausbildung im schlimmen Sinne veraltet war, stehen wir hierzulande in einer Welt von Hobbytheologen, die mit ihrem Glauben umgehen, als wäre jedermann Chirurg, der ein Taschenbuch »Du und dein Herz« studiert hätte.

Die Vernunft müßte in dieser Situation von den Protestanten ausgehen. Gegenüber jeder Bedrohung anderer fremder Kulturen sind wir mittlerweile sehr sensibel. Aber die freiwillige Aufgabe der katholischen Identität nimmt man gerne als Morgengabe in einer in Wahrheit neuprotestantischen religiösen Einheitskultur. Denn darüber täusche man sich nicht. Zu neunzig Prozent besteht Ökumene im Weglassen des Katholischen zugunsten eines aufgeklärten Minimalkonsenses; theologiegeschichtlich gesehen ist es nicht das Reformatorische, was hier bedrohlich wäre, sondern die verspätet und undialektisch nachgeholte Aufklärung als radikaler Verlust von Religion. Die aufgegebene katholische kulturelle Identität reicht vom Weihwasser bis zur Maiandacht, von den fünf überzähligen katholischen Sakramenten bis zur Seelenmesse (Requiem), von Mariä Lichtmeß bis zur Kräuterweihe, vom Sterberosenkranz bis Medjugorje. Diese sogenannte Ökumene scheint immer nach derselben Regel abzulaufen: Keinem Protestanten mag man all die katholische »Kultur« oder auch nur einen Teil davon zumuten, aber Katholiken sollen darauf verzichten können. Kann eine solch merkwürdige Einheit einem ehrlichen Protestanten etwas wert sein?

Zumal gerade die Protestanten ihre Bibel kennen und Katholiken darauf aufmerksam machen sollten, daß es nach dem ganzen Neuen Testament nichts Schlimmeres und Katastrophaleres gibt als ein gemeinsames Mahl dort zu feiern, wo keine wirkliche Einheit der Christen besteht. So ist es nach 1 Korinther 11. Paulus spricht hier von der schrecklichsten Sünde, nämlich davon, sich das Gericht zu essen und zu trinken. Die Situation in Korinth: In der Gemeinde gibt es Spaltungen, die manifest sind. Ein Teil der Gemeinde fühlt sich diskriminiert, vielleicht weil diese Menschen zu wenig zu essen haben, vielleicht weil sie nicht so viel essen mögen. Es besteht die Gefahr, daß sie am liebsten nicht dazugehören möchten, sich von der Gemeinde verabschieden wollen. Vielleicht geht es auch um mehr, um kulturelle Differenzen, die es in der Hafenstadt Korinth in Menge gab.

Paulus sagt: Übertüncht die vorhandenen Spaltungen nicht durch ein gemeinsames Mahl. Denn das wäre nicht wirklich echte Einheit, nicht das Mahl der Versöhnten. Schafft, so Paulus, um jeden Preis die Uneinigkeit zuvor aus der Welt. Sonst ist das Mahl eine Farce. Paulus sagt nicht: Feiert nur ruhig das Mahl, dann wird das die Spaltung schon von sich aus überwinden. Nein, angesichts faktischer Spaltungen ist für Paulus das gemeinsame Mahl eben nicht das Instrument, die Einheit herzustellen, sondern eine einzige Heuchelei und ein Frevel. Wer so die Einheit feiert, die nicht da ist, der zerstört nach Paulus die Mahlsymbolik selbst. Denn anders als die Taufe, die jeder einzeln bekommt, ist das Mahl eine einzigartige Proklamation der Einheit und Einzigkeit Gottes. So denkt Paulus hier streng theologisch konsequent: Weil der Herr durch Brot und Wein sich selbst den Menschen gibt, als der eine Herr die vielen verbindet, deshalb ist jede nicht vollendete Einheit, jede camouflierte Uneinigkeit, ein Verbrechen am Herrn selbst.

Überall im Orient stellt das Mahl Einheit und Frieden dar. Aber wo das nicht besteht, soll man auch nicht so tun, als sei schon alles geklärt. Auf derselben Linie liegen alle frühchristlichen Aussagen über das Verhältnis von Versöhnung mit dem Nächsten einerseits und Versöhnung mit Gott andererseits. Die Versöhnung der Menschen untereinander hat grundsätzlich und überall zeitlichen Vorrang. Auch im Vaterunser ist so zu übersetzen: »Vergib uns . . . wie auch wir vergeben haben.« Unterschiede der Konfessionen reichen von der Mariologie bis zum Amtsverständnis und von der Eucharistie (Tabernakel) bis zur Frauenordination. Niemand will diese Differenzen hochköcheln. In Korinth ging es damals um viel weniger Gravierendes. Paulus war ein kluger und bedachter Seelsorger. Das Sakrament des Herrenmahls ist für ihn jedoch ein Realsymbol, Zeichen für eine Wirklichkeit, für die Wirklichkeit des einen Gottes, nicht irgendeine religiöse Feier.

Hier liegt der zweite Punkt, den Protestanten aufgreifen können müßten. Auch in seiner Enzyklika argumentiert der Papst mit der Konzeption der Einheit, die das Mahl darstellt. Er bindet Eucharistie an die Einheit: »Da die Eucharistie die höchste sakramentale Darstellung der Gemeinschaft der Kirche ist, verlangt sie, im Kontext der Unversehrtheit auch der äußeren Bande der Gemeinschaft gefeiert zu werden.« Es sei daher nötig, daß die Bande der Gemeinschaft wirklich bestehen. Der Papst: »Es wäre daher äußerst unangebracht, wenn das Sakrament der Einheit der Kirche schlechthin ohne eine wahre Gemeinschaft mit dem Bischof gefeiert würde.« Genau an dieser Stelle liegt auch der Grund für die Verbindung von Amt und Eucharistie. Wenn das Abendmahl nicht nur gemeinsames Essen und Denken an Jesus ist, sondern etwas mit der Verfaßtheit der Kirche zu tun hat, dann kommt auch das Amt als Dienst an der Einheit der Kirche in den Blick. Wenn gilt, daß das Mahl Darstellung und Vollendung der Einheit ist – der Papst spricht mit Paulus vom Glauben, der in der Liebe Gestalt gewinnt –, dann ist es Rolle des Amtes, für diese Einheit zu sorgen. Daher greift der Apostel regulativ in die Abendmahlsfeier in Korinth ein. Das wäre die Vertikale: Der Apostel sorgt mit seiner Autorität für die Bewahrung und Rettung der Einheit.

Und was die Horizontale betrifft: Das gemeinsame Herrenmahl stellt auch die Einheit der Kirche in der Geschichte dar, von gestern über heute auf morgen hin. Es ist selbst Teil dieser die Zeiten umspannenden Einheit. Hier liegt der Grund für das nach katholischem Verständnis unabdingbare Erfordernis der »apostolischen Sukzession« für den Bischof oder Priester, der das Mahl mit der Gemeinde feiert. Denn von Anfang an sind selbsternannte Autoritäten für die Kirche ein Horror. Amt und Bewahrung der Einheit hängen aufs innerste zusammen. Daß es neben dem Amt in der Kirche immer unabhängig vom Amt verteilte Charismen gibt, sei nur am Rande vermerkt. Von keinem Amtsträger verlangt man deshalb, daß er Charismatiker ist. Ein Bischof muß nicht Tote erwecken können. Ich sehe im übrigen keine Notwendigkeit, den evangelischen Primat der Rechtfertigung in irgendeinen Gegensatz zum Prinzip apostolischer Sukzession zu setzen – ganz abgesehen davon, daß in keiner kirchlichen Gemeinschaft Amtsträger nur nach Gnade und Barmherzigkeit angestellt werden.

Nun haben im Vorfeld des Kirchentages besonders die Baptisten verkündet, »jedermann« sei bei ihnen zum Abendmahl eingeladen. Und die Baptisten können dabei auf die Praxis Jesu verweisen, offene

Gastmähler mit allen möglichen Menschen zu halten, mit Zöllnern und Religionslosen (»Sündern«), mit Heiden und Huren. Diese Gastmähler, auf denen Wein zum Zeichen der Messianität Jesu getrunken wurde, hatten in der Tat missionarischen Charakter. So verstehen auch viele der Reformatoren das Abendmahl als eine Veranstaltung zur Weckung des Glaubens, also ein Mahl im Dienste der Umkehr. So betrachtet stehen Mähler am Anfang des Christwerdens und setzen Kircheneinheit nicht voraus. Doch nach den Berichten der Evangelien unterscheidet sich nun aber das letzte Mahl Jesu ganz offensichtlich und sehr markant vor diesen missionarischen Gastmählern. Das letzte Mahl Jesu verhält sich zu den missionarischen Mahlzeiten wie eine Familienfeier zu einer offenen Party bei einem Straßenfest. Man kann solche Partys veranstalten, nur muß man sie dann nicht Abendmahl nennen. Denn nur beim Abendmahl, so wird berichtet, sind die zwölf Jünger anwesend, die Repräsentanten des erneuerten Israel. Nur hier spricht Jesus Deuteworte zu Brot und Wein. Nur hier stiftet er einen Bund, den neuen Bund, sein Vermächtnis, also eine Institution. Nur das letzte Mahl Jesu ist eine bewußte und gültige Zusammenfassung allen Wirkens Jesu. Und als Repräsentanten Israels sind die zwölf die Adressaten des neuen Bundes.

Es wäre aus meiner Sicht sinnvoll, wenn man offen die Differenz zwischen Verkündigungsmählern und Abendmahl zugäbe und bedächte. Dabei fällt freilich auch eine weitere Differenz ins Auge. Nur beim letzten Mahl gibt es, nach Lukas und Paulus – einen Wiederholungsbefehl. Nur dieses Mahl hat daher sakramentalen Charakter. Der Papst sagt in seiner Enzyklika, gegenwärtig könne ein unzeitig vorweggenommenes interkonfessionelles Abendmahl nur den Sinn für die Entfernung vom Ziel verschleiern und Zweideutiges über Glaubenswahrheiten einführen. Aus exegetischer Sicht muß man im Sinne des Paulus noch deutlicher werden: Ein solches »Abend-mahl« ist eine Mogelpackung und kein Sakrament. Vielleicht gelingt es doch noch, die Diskussion von der reinen Emotionalität in theologische Bahnen zu lenken.

Wie also Einheit, wenn nicht so? Es bleibt schon merkwürdig: Es gibt tausend Felder sinnvoller ökumenischer Zusammenarbeit, die durchaus intensiviert werden könnten. Mit dem Papst darf und soll man dieses als Gnade Gottes begrüßen. Doch wie Adam und Eva im

Paradies sich nur auf die eine verbotene Frucht konzentrierten und sich durch diese Fixierung prompt verführen ließen, so starren die Christen nur auf den einen Punkt, verführt durch die Medien, an die die Schlange ihre Rolle abgetreten hat. Die Paradiesgabe des ewigen Lebens hat Gott dann nach Überzeugung der Christen übrigens zu seiner Zeit von sich aus den Menschen geschenkt, im Neuen Testament. Was man ungeduldig erzwingen will, schenkt Gott zu seiner Zeit. Wie gut, daß die Taufe, das wirklich Heilsnotwendige, ökumenisch anerkannt ist; auch das war nicht immer so.

Wir haben oben von der Ökumene des kulturellen Ausverkaufs gesprochen. Die Protestanten befürchten sie, die Katholiken vollziehen sie. Aus beidem wird deutlich: Nie und nimmer wird man sich beim gemeinsamen Minimum treffen, bei schmalen Formelkompromissen, die brüchiger sind als alter Gouda. Es wird nur eine Ökumene auf der Basis des Maximums geben, in einer neuen Einheit von Theologie und Spiritualität, in einer Ergänzung von rationaler durch monastische Theologie. Also auch in einer Erneuerung der Theologie aus der Tiefe her, damit das Wort Hobbytheologe kein Schimpfwort mehr bleibt. Theologie nicht zum Rechthaben, sondern zum Weisewerden und zum Frommwerden. Es gibt eine Stunde, das Neue Testament mit Computers Hilfe zu bearbeiten, und es gibt eine Zeit, es auf Knien zu lesen. Schön sagt es der heilige Albertus Magnus von Köln: Halbes Wissen zerstört den Glauben, ganzes Wissen adelt und vollendet ihn.

2. *Fatale Gutmütigkeiten*
Die Kirche wird gedankenlos modernisiert

Die Hintergründe für die Unbotmäßigkeiten der Priester Kroll, Felber und Hasenhüttl müssen wohl etwas klarer auf den Tisch gelegt werden. Die gemaßregelten Priester waren und sind nur die Spitze eines Eisbergs. Der Personalchef einer großen Diözese in der Mitte Deutschlands hat die Wirklichkeit kürzlich gut verbürgt dargestellt: »Bei den Maßstäben, die zur Zeit in Regensburg oder Eichstätt angelegt werden, könnte ich ein Drittel meiner Priester ins Kloster schikken.« »Ins Kloster« heißt: zum Nachsitzen, zu einer Besinnungspause zeitweilig aus dem Verkehr ziehen. Dreißig Prozent der Priester halten es etwa so: Bei großen festlichen Ereignissen werden alle in der jeweiligen Kirche anwesenden Christen zur Interkommunion eingeladen. Das gilt von der Erstkommunion bis zur Kirchweih, vom gemeinsamen Reformationsfest bis zum Weihnachtsfest. Nicht Ungehorsam, sondern grenzenlose Gutwilligkeit ist das Motiv.

Zweifellos hat der ökumenische Kirchentag hier die bestehenden Trends, (man kann es auch Verunsicherung und Irritierung nennen) befördert. Und genau so klar ist, daß hochrangige katholische Theologieprofessoren hier ein Eigentor geschossen haben. Nehmen wir etwa Kardinal Walter Kasper. Noch 1971 hat er als Münsteraner Professor seine Meinung drucken lassen: »Die eigentliche Irregularität sind nicht solche offenen Kommunionfeiern, sondern die Spaltung und gegenseitige Exkommunikation der Kirchen. Die nicht positiv genug zu würdigende Funktion einzelner Gruppen, welche hier vorpreschen, ist es, daß sie den Kirchen den Skandal ihrer Trennung im Sakrament der Einheit immer wieder vor Augen führen.« Walter Kasper bezeichnet solche offenen Eucharistiefeiern als »Zeichen der Hoffnung«. Nun ist Eminenz Kasper sicher nicht der einzige, der am katholischen Kirchenbild gesägt hat. Damit aber ist vollends deutlich: Maßgebliche Professoren haben zur herrschenden Unsicherheit intensiv beigetragen. Gut bekannte Kollegen wie Herbert Vorgrimler und Otto Hermann Pesch dürften kaum böse sein, wenn sie hier genannt werden.

Nun gilt auch in der Kirche der Satz: Den letzten beißen die Hunde. Diese letzten sind die verunsicherten (man kann auch sagen: irregeleiteten) Gläubigen und ihre rührigen Seelsorger in den Gemeinden. Ihnen hat man wesentliche Sicherheiten des Glaubens genommen, und sie sollen nun für alle Orientierungslosigkeit verantwortlich sein. Natürlich ist das nicht nur beim Abendmahl so, sondern auch bei anderen wichtigen Aussagen des Credos. Als ich neulich für den Glaubensartikel »empfangen vom Heiligen Geist« gestritten habe, wurde mir von aktiven Katholiken gesagt: »Da müßten Sie mal hören, was unsere Professoren vom Fach Dogmatik an der Universität dazu sagen.« Doch kann niemandem daran gelegen sein, gutwillige katholische Ortspfarrer, eben jene dreißig Prozent, in die Enge zu treiben, vor die Inquisition zu stellen oder sie von heute auf morgen von ihren Gemeinden zu isolieren. Nein, es liegt an den Bischöfen und Professoren, klar die Richtung anzugeben und dafür auch den Kopf hinzuhalten oder eben zurückzutreten.

Schon vor Jahren habe ich als an einer evangelischen Fakultät lehrender Neutestamentler in einer Rezension (F. A. Z. vom 22. Dezember 2001) meine Verwunderung darüber geäußert, wie Kollege Hasenhüttl ungehindert jahrzehntelang Priester und Religionslehrer hat ausbilden dürfen. Auch evangelischen Christen, die Hasenhüttl jetzt als Glücksfall betrachten, sei nur nachdrücklich die Lektüre seiner Dogmatik empfohlen. Kein Christ kann – so meine Sicht – über diese interreligiöse apersonale Gottesschau ohne geschichtliches Fundament glücklich sein. Katholische Professorenkollegen haben meine Kritik an Hasenhüttl damals als »Hinrichtung« bezeichnet. Daher also weht der Wind.

KEINE AHNUNG VON SPIRITUALITÄT

Verstehen heißt nicht entschuldigen. Die Situation der katholischen Theologie hierzulande kann man zu verstehen versuchen: Zwei Zeitströmungen treffen aufeinander, die im Sturmschritt nachgeholte Aufklärung und der Ökumenismus. Beides zusammen überfordert insbesondere den Gemeindepfarrer, der sich weithin nicht auf eine wirklich gediegene Ausbildung stützen kann, wie Jesuiten oder Dominikaner es einstmals konnten. Von vielen Priestern, die an ihrer Kirche irre geworden und dann (oft daraufhin) geheiratet haben und laisiert wurden, kann man sicher sagen: Sie wurden Opfer ihrer flachen theologischen Ausbildung, die den Stürmen nicht gewachsen war. Ihren Lehrern, nicht ihnen ist etwas ins Stammbuch zu schreiben. Als ich begann, katholische Theologie zu studieren, gab uns unser Ortsbischof den Satz mit auf den Weg: »Wir wollen keine Theologen, sondern Priester.« Dieses war offenbar auch andernorts die Maxime. Jedenfalls ist der vielerorts feststellbare flache Ökumenismus Resultat einer theologischen Verödung, verbunden mit völliger Gleichgültigkeit gegenüber der Stimmigkeit des eigenen Credos. Jede Tiefendimension, die Bindung an die Geschichte oder die Universalkirche, jede Verantwortung vor der weltgeschichtlichen Größe der Kirche sind abhanden gekommen.

Das betrifft besonders das Fach Liturgiewissenschaft. Ganz zu schweigen von etwas Ahnung in Sachen Spiritualität. Wer aber so unzureichend ausgebildet ist, der wird in Fragen der Ökumene nicht über das hinausgehen können und wollen, was man auf evangelischer Seite badischen Ökumenismus nennt. In Baden wurden vor rund hundertachtzig Jahren auf königlichen Befehl hin Lutheraner und Reformierte auf der Basis des gemeinsamen Minimums zwangsvereinigt, eben »uniert«. Man wird der darauf basierenden badischen Normal- oder Mittelorthodoxie nicht zu nahe treten, wenn man das Ergebnis als ein tendenziell konturen- und farbloses Gebilde bezeichnet. Das gilt auch für die Liturgie. Die vielerorts offensichtlich angestrebte Ökumene des Weglassens wird eine solche langweilige Ökumene sein.

Zurück zur katholischen Theologie: Es ist ihr nicht gelungen, die historisch-kritischen oder empirisch orientierten Disziplinen konstruktiv zur eigenen Tradition in Beziehung zu setzen. Von Beginn meines Studiums an habe ich kaum anderes kennengelernt als die Gleichsetzung von wissenschaftlicher Vernunft, Rationalismus und extremer Kirchenkritik. Offenbar war man durch die jahrhundertelange apologetische Inanspruchnahme der Vernunft so verschreckt, daß Ratio nun im Gegenschlag antikirchlich eingesetzt wurde. Das »System« fand keine Verteidiger mehr und macht daher schon seit Jahrzehnten einen innerlich morschen Eindruck. Ein Beispiel ist das Schicksal der Neuscholastik. Auch der Konflikt zwischen der unbefragt übernommenen protestantischen Exegese und traditioneller katholischer Dogmatik wurde nie ideologiekritisch – eben auch gegenüber der Exegese! – aufgearbeitet. Ähnliches galt für das Verhältnis zwischen moderner Philosophie und Scholastik. Es fehlte daher weitgehend die Kraft zur kritischen Durchdringung der Resultate moderner Philosophie und Humanwissenschaft. Das Verhältnis zwischen Karl Rahner und dem deutschen Idealismus zeigt dies nachdrücklich. Wissenschaftlich wurden Protestanten wie Harnack und Bultmann vergötzt, als wären sie Thronassistenten Gottes.

AM RAND DER SPALTUNG

Unter Theologen galt nur der als intelligent und war nur der noch akzeptiert, der ultramodern, hyperkritisch und irgendwie »links« war. Alles andere galt als »orthodox« und dumm. Diese Mentalität hatte sich sowohl bei den klassischen Intelligenzler-Orden als auch dann in der ganzen Kirche breitgemacht und ist seit einiger Zeit nun auch bei den berufskatholischen Laien angekommen. Im übrigen handelt es sich um ein zumeist nicht durchschautes Generationenproblem. Die neue Generation der jungen Kapläne, die häufig als zu fromm gelten und deswegen nicht gerade selten schon aus den Priesterseminaren entfernt werden, stellt den Gegenschlag dar.

Die gegenwärtige Krise führt die Katholiken in Deutschland bis an den Rand der Spaltung. Wir fragen nicht, wer schuld ist, denn um Moral geht es nicht. In gewisser Hinsicht war es notwendig, radikale Aufklärung nachzuholen. Eine Heilung der teilweise gravierenden Zerstörungen – gerade im Kirchenverständnis – kann es nur geben durch eine sehr grundsätzliche Neubesinnung der Theologie. »Romhörigkeit« oder rechtslastiger Fundamentalismus scheiden da als Wege aus.

3. Wer Augen hat
Blindekuh-Ökumene: Die unsichtbare Kirche gibt es nicht

Es kann auch geschehen, daß man mitten auf dem Weg das Ziel aus dem Auge verliert, ja sich entschließt, es gar nicht mehr erreichen zu wollen. So gehört zu den überraschenden Ergebnissen des ökumenischen Kirchentages das Lautwerden einer dritten Gruppe, die sich vernehmlich neben die beiden bekannten stellt. Die beiden bekannten Gruppen stellen sich so dar: Eine erste Gruppe sind die traditionellen Ökumeniker, relativ konservative Lutheraner und Katholiken, die auf Lehrgespräche und langsame Annäherung setzen. Die zweite Gruppe dagegen fordert »Einheit jetzt«, insbesondere durch unmittelbar praktizierte Abendmahlsgemeinschaft. Sie will Einheit »von unten« herstellen, und zwar de facto unter Verzicht auf Theologie. Die dritte, recht neue Richtung erklärt: »Es ist nicht Ziel der reformatorischen Kirchen, eine sichtbare und institutionelle Einheit der Kirchen herzustellen.« Man wendet sich gegen »versöhnte Verschiedenheit« in der zukünftigen Christenheit und erstrebt die bedingungslose Anerkennung des Status quo – inbegriffen die jeweilige kirchliche Form. Das höchste Ziel ist damit die Anerkennung jeder Einzelkirche durch die anderen Kirchen, insbesondere durch die katholische. Daher auch der Protest gegen »Dominus Jesus«, weil dieses Dokument anderen Konfessionen das Kirche-Sein abzusprechen schien, was selbst der gebildete Laie so verstand, als werde ihm das Christsein abgesprochen.

Neu ist bei Gruppe drei der dezidierte Verzicht auf Kircheneinheit. Wer das noch will, ist für sie von vorgestern. Vertreter der ersten und zweiten Gruppe sind in diesem Licht Romantiker, Reaktionäre oder Utopisten. Für die schriftgemäße Begründung beruft man sich darauf, auch im Kanon des Neuen Testaments seien unterschiedlichste Gruppen mit sehr verschiedenen Theologien anerkannt worden, und zwar ohne eine übergeordnete Instanz, eben einfach alle, die an Jesus glaubten. Dagegen ist zweierlei geltend zu machen: Erstens werden mit dem Kanon oder dadurch, daß jemandes Schriften in den Kanon aufgenommen wurden, keineswegs alle anerkannt, die sich für Christen hielten oder sich zu Jesus bekannten. Gleich auf zwei Ebenen setzt der Kanon ein intensives Ringen um die Wahrheit voraus. Fast jede Einzelschrift – ich denke an alle Briefe außer dem Epheserbrief – polemisiert gegen andere Christen, deren Lehrmeinung nicht akzeptiert wird. Und dann ist noch einmal der Kanon im ganzen gebildet worden gegenüber einer dreifach größeren Anzahl nicht akzeptierter Christentümer. Schon in seinen ältesten Bestandteilen setzt der Kanon der Schriften des Neuen Testaments daher eine kräftige Fähigkeit zum Nein und zur Nichtanerkennung voraus. Eine Einheit aller Christen um der Harmonie und der Liebe willen war vollständig ausgeschlossen.

Und wer gar Paulus zum sanften Ökumeniker macht, der alle Christen zum Tisch des Herrn eingeladen hätte, verkennt, daß schon in Galater 1,8 andere Christen, nämlich solche, die ein anderes Evangelium lehren als Paulus selbst, feierlich mit Bann und Fluch belegt werden. Und wer die nach Ansicht des Paulus falsche Sexualpartnerin hat, mit dem darf man nicht einmal zusammen essen, geschweige denn Abendmahl feiern (1 Korinther 5, 11). Die Leidenschaft für Wahrheit und Eindeutigkeit rangiert nach Paulus vor jeder verschwommenen Nächstenliebe.

So gewiß der Kanon des Neuen Testaments eine Variationsbreite des christlichen Konsenses angibt, so eindeutig ist es kein zukunftsträchtiger Weg, die Wahrheitsfrage auszuklammern. An den Extremen kann man lernen. Anhand der untereinander sehr verschiedenen Gruppen der Anthroposophen, der Mormonen und der Zeugen Jehovas, die sich alle auf Jesus berufen, mag die Bedeutung der Wahrheitsfrage erkennbar werden.

Das zweite Argument: Wiederum von Anfang an gibt es nachweislich das Streben nach sichtbarer Kircheneinheit – und nicht einfach das Nebeneinander von dreizehn oder mehr anerkannten neutestamentlichen Konfessionen. Offensichtlich war weder eine unsichtbare Kirche noch eine unsichtbare Einheit von Kirchentümern denkbar. Es sind vielmehr Personen überregionaler Geltung, die – und das ist auch aus heutiger Sicht interessant – mobile Zentren der Christen bildeten: Petrus mit seiner Autorität für Evangelien und Apostelgeschichte sowie für Paulus, Paulus für seine Gemeinden und weit darüber hinaus, der Verfasser der Offenbarung des Johannes für seine sieben Gemeinden, Ignatius von Antiochien für seine sechs Gemeinden, die Apostel für eine Vielzahl von Gemeinden. Kein Kirchenrecht, kein Neues Testament, kein lokales Zentrum, sondern die Autorität dieser Personen und deren Anerkennung grundsätzlich weit über Einzelgemeinden hinaus ist nach Ostern der sichtbare Bezugspunkt für die Einheit der Christen. Das Prinzip, Einheit als wandernde Autoritäten darzustellen und zu verwirklichen, teilen diese frühen Christen – nebenbei bemerkt – mit so unterschiedlichen Größen wie dem mittelalterlichen deutschen Kaiser und dem gegenwärtigen Papst.

Gegenüber den Verfechtern einer Einheit durch pure Anerkennung als Kirche ist daher festzuhalten: Die sichtbare und nicht nur formale Einheit der Kirchen wurde begründet durch das Nein zur abweichenden Lehrmeinung und positiv durch die Geltung überregionaler Autoritäten. Auch bei den Autoritäten geht es freilich immer um Wahrheit, um das besondere Merkmal der Übereinstimmung von

Lehre und Tun, eben das »Zeugnis«. Nicht nur weil jede Klasse einen Sprecher braucht, sondern vor allem weil die Einheit der Christen untereinander die Einheit des dreieinigen Gottes in der Welt ostentativ darstellt, ist das apostolische Prinzip der Geltung überregionaler, ja globaler Autorität als Dienst an der Einheit nichts nur Museales, sondern ganz wesensgemäß.

Und wer sagt, der Gedanke der Sukzession sei dem Christentum wesensfremd, übersieht, daß auch alle apostolische Sukzession eingebunden ist in die sichtbare Sukzession aller Getauften, und diese ist nun wirklich unbestreitbar. Keiner kann sich selbst taufen, sondern muß sich von einem Getauften taufen lassen (die vier bekannten Ausnahmen bestätigen die Regel). In dieser Sukzession ist die des Amtes geborgen. Durch die Form der Spendung der Taufe wird die sichtbare Einheit der Kirche als ihre unumgängliche Struktur greifbar. Es gibt keine unsichtbare Kirche; dieser Art von (Pseudo-)Platonismus hat die Kirche immer widerstehen können.

Diese drei Dinge, die sichtbare Einheit durch die Sukzession der Getauften, durch den Kanon und durch die allseits anerkannten Autoritäten sind nicht als menschliche Erfindungen zu relativieren. Nach dem vierten Evangelium ist die tätig verwirklichte, sichtbare Einheit der Christen nicht menschlichem Ermessen überlassen, sondern Jesu Gebot. Jesus bindet geradezu den Glauben an ihn als Gottessohn an die Bewahrung der Einheit durch die Jünger (Johannes 17, 21-23). Wer die sichtbare Einheit verletzt – dazu gehören allerdings zumeist zwei Seiten –, der vergeht sich gegen den Willen Jesu. Der Verzicht auf eine sichtbare Einheit der Kirchen und die Ansiedelung der Einheit im Unsichtbaren ist daher für jeden Anhänger des Neuen Testaments unerträglich.

4. Zeitgeist plus Illusion
Wie die Kirchen aneinander vorbeireden

Die Idee ist ja auch allzu verlockend, zumal für ein Volk der Philosophen und Dichter, das sich immer wieder gern auf einem Scheitelpunkt der Weltgeschichte weiß und die Ambitionen des Weltgeistes stets jetzt und gleich vollstrecken möchte. Schon 1833 entstand von der Hand des einflußreichen Tübinger Theologen Ferdinand Christian Baur im Umkreis der Ideen Schellings und Hegels das Werk »Der Gegensatz des Catholizismus und des Protestantismus«, in dem das Schema der Dialektik ökumenisch angewendet wird: These und Antithese streben nach Synthese, so wie sie einst aus einem einfachen Anfang hervorgingen. Besonders der Schule Hegels verdanken wir eine Reihe von untereinander verwandten Geschichtsmythen, zu denen – bei aller Unterschiedlichkeit – der Glaube an den Fortschritt (inklusive Evolution), der Marxismus und schließlich auch der neuere Ökumenismus gehören.

Alle diese Mythen besitzen ein Stück Wahrheitsgehalt, doch das Illusionäre überwiegt auf bisweilen schauerliche Weise. Merkmale des ökumenistischen Mythos sind, daß konkrete Geschichte vergewaltigt wird, daß er alltagsfern und nicht praktikabel ist, daß man auf ein großes, »ganz nahes« Friedensreich der Religion hofft, daß es Funktionäre als Berufsökumeniker gibt, daß er auf eigene Weise unduldsam ist und schließlich: daß er Opfer schafft. Trifft das zu, dann ist der Ökumenismus als Verfallsform der redlichen ökumenischen Bewegung von ehedem (die ihrerseits zu den Enkeln der Jugendbewegung gehört) ein Nachfolgemythos des Sozialismus. Zur katholischen Paulusgesellschaft und zum diffusen Linkskatholizismus gibt es sogar Überschneidungen.

Zum illusionären Charakter: Zum Beispiel habe ich einen Schüler, der bei mir in evangelischer Theologie promovierte und sich habilitierte. Seine Frau ist im selben Fach promovierte katholische Theologin, die sich entsprechend habilitieren wollte, um beruflich wirken zu können. Nun haben beide aber Kinder. Die evangelische Landeskirche verlangte, die Kinder müßten evangelisch werden, sonst hätte der Vater keine berufliche Chance. Die katholische Kirche hingegen verlangte von der Frau, die Kinder müßten katholisch werden, sonst hätte die Frau keine berufliche Chance. Beide Seiten sind in gleicher Weise konsequent, mit der Folge, daß einer lebenslang arbeitslos ist. So ist es denn auch gekommen, da die Kinder evangelisch getauft wurden. Das Ganze ist bittere Gegenwart. Nichts berechtigt dazu, angesichts solcher Opfer schon mal Einheit zu feiern. Geradezu zynisch ist der Satz, der wahre Skandal bestehe darin, zu beklagen, daß Christen getrennt sind. Sie sind es, und die Auskunft, das sei leider

»noch« so, es werde sich aber bald alles ändern, ist reine Vertröstung, für die ich nicht den geringsten Grund sehen kann. Derartige Vertröstungen über das »leider noch« sind typisch für Mythen mit Endzeitcharakter.

Zur Alltagsferne: In der Realität weiß eine führende evangelische Landesbischöfin nicht, was Mariä Unbefleckte Empfängnis ist (Fest: 8. Dezember). Fünfundneunzig Prozent meiner evangelischen Hörer wissen nichts über das Verhältnis von Sündenvergebung in der Beichte zum Ablaß, weshalb man sich dann über Rückfälle ins Mittelalter aufzuregen geruht, wenn der Papst einen Ablaß ausschreibt. In einem sehr hohen Theologengremium (evangelisch) wußte man neulich nicht, welchem Orden Luther angehörte. Der Hinweis darauf, daß auch Katholiken über diese zentralen ökumenischen Fragen fast nichts wissen, macht die Sache nicht besser, sondern bestätigt das Urteil, die wahre, schon existierende Ökumene bestehe in der gemeinsamen Ignoranz, das Eigene wie das Nachbarliche betreffend. Ein Ökumenist würde zu den genannten Themen sagen: »Das alles ist sowieso nicht mehr interessant, sondern insgesamt Schnee von gestern.« Die Griechen sprachen davon, daß man Lethe, das Vergessen, wie süchtig trinken könne. Der ökumenistische Mythos schafft in diesem Sinne geradezu gruppenweise Betrunkene. Soviel zum Stichwort Realitätsverlust.

Zu den mythologischen Elementen des Ökumenismus gehört auch der schöne Satz »Christus lädt alle ein zum Abendmahl«, und deshalb dürfe hier kein Mensch regelnd eingreifen. Der Satz klingt denn auch unwiderleglich fromm und erhaben. Doch schon seit frühesten Zeiten hat die Kirche von sich aus geregelt, wer zur Mahlgemeinde dazugehört und wer nicht. Das Jesuswort vom Binden und Lösen ist am wahrscheinlichsten auf das Hausrecht Petri und der Apostel zu beziehen. Paulus schließt den Sünder in 1. Kor. 5 von jedem gemeinsamen Mahl aus, und die »Lehre der zwölf Apostel« regelt im ersten Jahrhundert, daß nur Getaufte zum Abendmahl zugelassen sind – und eben nicht »alle Menschen guten Willens«. Nach katholischer Lehre und lutherischer Agende darf man nur nach Vergebung der schweren Sünden (»Beichte«) zum Abendmahl kommen.

Schließlich ist in unseren Tagen der Mythos vom baldigen Sieg des Kommunismus ersetzt durch die Überzeugung vieler, ein großes Friedensreich der Religionen sei nahe. Dieses ist zweifellos der weitere mythologische Rahmen, in dem auch der Ökumenismus blüht. Ein Beispiel: In der pfarrhäuslichen Küche unserer Ferienwohnung hängt ein »interreligiöser Kalender«, der neben künstlerisch-symbolischen Darstellungen zum Thema der völligen Gleichberechtigung der Religionen auf jeder Seite nebeneinandergestellt Kreuz, Halbmond und den jüdischen siebenarmigen Leuchter als Logo bietet. Dies genau ist der Zeitgeist, und ihn in Frage zu stellen ist ein Wagnis, das einem den Vorwurf der »maßlosen Intoleranz« einträgt. So wie eben jeder, der sich zu seinem christlichen Glauben bekennt, mit der Frage rechnen muß, wie er es denn dabei mit der Toleranz halte und überhaupt halten könne. Der ökumenistische Mythos ist so in Wahrheit ein Nebenprodukt des allgemein »korrekten« Mythos in der universalen Toleranz und »Gleichheit« aller Religionen. Die Aktualität dieses Mythos überrascht insbesondere in Zeiten, da uns zum Beispiel der Islam bisweilen in terroristischer Verzerrung begegnet.

Ein schönes Beispiel von Vergewaltigung der Geschichte ist der evangelische Pfarrer, der über dem Talar eine Stola trägt – bekanntlich ein liturgisches Kleidungsstück katholischer Diakone und Priester. Um aber nicht in den Geruch zu kommen, er sei katholisierend, nennt er die Stola »Gebetsschal«. Etwas, das Juden beim Gebet tragen. Da er so etwas aber noch nie gesehen hat, kümmert es ihn wenig, daß man schon modeschöpferische Phantasie haben muß, wenn man die Gestalt einer Stola mit einem jüdischen Gebetsschal vergleichen will. Das einzig Evangelische an diesem ökumenistischen Murks ist, daß er diese Stola das ganze Jahr über violett trägt, weil ja Violett angeblich evangelisch ist. Weiß und Rot und Grün also nicht? Nur: Wer systematisch solche Kuriosa produziert, zeigt, daß er nichts verstanden hat und die religiösen Zeichen nur an der Oberfläche kennt, im übrigen aber nach dem Motto verfährt: »Ist ja sowieso egal.« Ist es eben nicht, denn dann gerät der ganze Kosmos der Zeichen durcheinander.

Jeder Mythos, besonders jeder endzeitlich ausgerichtete, hat seine Opfer produziert, weil eben die Wirklichkeit stets doch nicht ganz zu diesem Mythos passen will. Zu den Opfern gehört vor allem das Abendmahl selbst, das auf dem ökumenischen Kirchentag als »kirchenpolitisches Druckmittel« (O. H. Pesch) schändlich mißbraucht wurde. Und ferner haben wir noch in guter Erinnerung jenen katholischen Priester, der wegen Mißachtung der bischöflichen Weisungen auf dem Kirchentag vorläufig suspendiert ist. Er hatte sich mit seiner Abendmahlspraxis offensichtlich im Überschwang fehlleiten lassen. In seiner Pfarrei bildete man zu seiner Unterstützung Menschenketten zwischen den Kirchen. Jetzt, Wochen später, redet kein Mensch mehr von ihm, und wenn es endet, wie es angefangen hat, ist seine berufliche Laufbahn zerstört. Solcher Überschwang, der Opfer schafft, erinnert nicht zufällig an die armen Menschen in der Reformationsgeschichte, die stracks das Reich Gottes herbeiführen wollten. Für Luther und die gesamte evangelische Tradition sind diese »Schwärmer« eine furchtbare, bis heute kaum verkraftete Erfahrung. Denn so genau hatte man das mit der Freiheit denn doch nicht verstanden wissen wollen.

Der ökumenistische Mythos ist hier und auch sonst zu einer geradezu wirklichkeitsfeindlichen Fata Morgana geworden, die konkrete Begegnungen vermeiden hilft. Man darf bescheiden fragen, wie denn die Schwärmerei von der Gleichheit aller Religionen sich auf das Verhältnis zur nächsten Türkenfamilie in der Nachbarschaft auswirkt. Jedenfalls wurde ein von mir gehaltenes Seminar an der Universität Heidelberg zum Thema »Bibel und Koran« von drei Hörern, davon zwei Senioren, besucht. Interesse am Koran besteht also, sieht man recht, gar nicht wirklich. Etwas anderes ist die müßige Frage, in wie vielen jüdischen und muslimischen Küchen ein interreligiöser Kalender, wie oben beschrieben, auch nur den Hauch einer Chance hätte, aufgehängt zu werden. Die EKD sah sich vor kurzem veranlaßt, darauf hinzuweisen, daß man einen Ökumenismus unter den Religionen keineswegs wolle, nur einen innerchristlichen. In Wirklichkeit aber lebt das eine vom anderen, wie man besonders deutlich an der Praxis und Theologie von Pater Willigis Jäger OSB sehen kann, der gerne zum Stichwort »transkonfessionelle«, »interreligiöse Mystik« Auskunft erteilt und das für die Religion der Zukunft hält. Noch eine Naherwartung, hundertprozentig Zeitgeist.

Verglichen mit den Dimensionen der katholischen Weltkirche, nehmen sich Figuren wie Professor Hasenhüttl und dessen Meinung, den Mantel des Weltgeistes am Zipfel gepackt zu haben, wie Episoden in der Provinz aus. So endet dieser Mythos nicht erhaben, sondern eben lächerlich. Immer wieder wurde indes auf die Erhabenheit der ökumenischen Gottesdienste in Berlin verwiesen, und dies verwandelte sich oft zum Hauptargument. Ist es nicht aufgefallen, daß solches ein sicheres Indiz für die Abwesenheit der vom Evangelium gebotenen Nüchternheit ist?

Geplatzte Mythen enden in Tränen, das wird auch hier nicht anders sein. Die Menschen, die unter dem Verenden des ökumenistischen Mythos leiden oder davon tief enttäuscht sein werden, wird das ganze Drama noch einmal einen Schritt weiter weg vom Christentum und von ihrer Konfession führen. Das aber war das Ganze nicht wert, das hätten die Berufsökumeniker durchschauen müssen. Dann werden die Kirchen also auf noch viel kleinerer Flamme weiterkochen müssen. Eigentlich schade drum. Es gab schon immer ein gutes Mittel gegen mythenverdächtige Spinnereien: »Beten und arbeiten« (Sankt Benedikt nachgesagt). Beides läßt sich sehr gut auf unser Thema anwenden.

5. Ökumene als Herzenswunsch Zur Enzyklika »Ut unum sint« von Papst Johannes Paul II. (1995)

Voll von Reiseerinnerungen ist, man staunt, dieses Rundschreiben. Und wenn der Papst bei seiner Bestandsaufnahme über dreißig Jahre ökumenische Dialoge auf sie zu sprechen kommt, dann ist die Enzyklika wie mit Herzblut geschrieben, lebendig, sehr persönlich, und dann entspricht sie völlig dem besonderen Charme dieses Papstes. Die Reisen waren für den Papst aus Polen voll von ökumenischen Begegnungen. Auf ihnen hat er Ökumene buchstäblich erlernt. Und Sätze wie »Das wäre vor hundert Jahren noch undenkbar gewesen« nimmt man dem Heiligen Vater ohne weiteres ab, da Ökumene wirklich Teil seines Lebens geworden ist.

Wer sagt, es seien nur diplomatische Höflichkeitsvisiten gewesen, verachtet ohne Grund den unschätzbaren Wert persönlicher Kontakte in einem Zeitalter der Anonymitäten. Wie kein anderes Rundschreiben dieses Papstes ist es, das kann man wirklich sagen, Ausdruck seines eigenen Herzens, seiner eigenen Sehnsucht nach Einheit der Christen. Dadurch überzeugt es vollständig in dem, was gesagt wird.

Unmittelbar ist man angerührt, wenn Johannes Paul plötzlich ausbricht aus dem frommen Stil und von der Schönheit der Kathedrale von Canterbury schwärmt. Wenn er sich bemüht, wenigstens die unvergeßlichen unter den ökumenischen Begegnungen darzustellen. Diese kurzen Schilderungen haben Atmosphäre, sie sind Reiseerinnerungen der apostolischen Art. »Ökumene« vollzieht sich eben als »Begegnung«, und wenn ein Papst, wie dieser es tat, den Vatikan so oft verläßt, setzt er sich mit Fleiß und mutwillig solchen Begegnungen in Fülle aus. Das ist der allererste Eindruck, den dieses Schreiben hinterläßt: Der von Land zu Land pilgernde Papst als Mitgestalter einer Fülle von ökumenischen Kontakten, bei denen nicht der Fortschritt in dogmatischen Positionen zählt, sondern zunächst einmal und überhaupt das Klima. Wer auch nur ahnt, wie verbiestert antipäpstlich zum Beispiel Vertreter nicht-anglikanischer englischer Kirchen sein können, weiß daß das »Klima« hier alles ist.

Die Enzyklika ist bedeutend darin, daß sie das Klima in diesen Begegnungen schildert, bei denen ja normale Sterbliche nicht dabei sind, daß sie schildert, wie sehr das Klima auf Herzlichkeit und großer Sehnsucht nach Einheit beruht. So ist dieses Rundschreiben zuallererst eine Bestandsaufnahme und ein »Klima-Papier«.

Über alle anderen Christen wird mit sehr großer Behutsamkeit geredet. Niemand kann sagen, er werde verletzt oder »über ihn« werde »nur geredet«. Aber es wird auch mit großer Sorgfalt alles gesammelt, was seit dem Konzil (dieses inbegriffen) an Spitzensätzen zur Frage der Ökumene gefallen ist. Es werden wohl wirklich die liebevollsten und mutigsten Sätze aus Dokumenten und Ansprachen herausgesucht. Und es kommen einige mutige hinzu, die wohltuend sind in der demütigen Herzlichkeit, die sie ausstrahlen. So kennt man diesen Papst, so ist er offenbar auch wirklich, und ihn in ökumenischer Hinsicht als Hardliner zu betrachten, wäre schlicht böswillig. Manchmal schieben sich die Portraits ineinander, dann meint man, plötzlich Johannes XXIII. sprechen zu hören, etwa wenn der Papst von dem langsamen und mühsamen Prozeß der Ökumene spricht, »der jedoch auch Quelle großer Freude war, etwas Faszinierendes an sich hatte, da er uns fortschreitend Brüderlichkeit wiederfinden ließ«.

Nicht mehr »getrennte Brüder« sollen die anderen heißen, sondern »andere Christen«, »andere Getaufte«. Immerhin werden sie hier

»Kirchen und kirchliche Gemeinschaften« genannt, die allerdings »nicht in voller Gemeinschaft« mit der katholischen Kirche stehen. Sie werden gar, soweit bischöflich, »Schwesterkirchen« genannt. Mit anderen Kirchen und kirchlichen Gemeinschaften bestehe durch Gottes Gnade eine unzerstörbare Gemeinschaft fort.

Der Heilige Geist wirke auch in ihnen. Nur komme es darauf an, diese teilweise bestehende Gemeinschaft zur vollen Gemeinschaft werden zu lassen. Der Papst spricht von »gegenseitiger Ergänzung« statt von Gegensätzlichkeit. Welcher Papst hätte so noch vor 35 Jahren geredet? Uns in Deutschland kann es immer nicht schnell genug gehen. Dabei hätten wir doch aus vielen überstürzten Reformereien nach dem Zweiten Vatikanum lernen können, daß man in Sachen Religion jede Art von Reform nur so bedächtig durchführen kann, wie ein kluger Bergsteiger in großen Höhen vorgeht.

ZUR KOMMUNION DER SEGEN

Wenn der Papst von den Eucharistiefeiern in Schweden und Finnland berichtet, ist man mit ihm in der Erinnerung tief bewegt, wenn er etwa schreibt: »Bei der Kommunion präsentierten sich die lutherischen Bischöfe dem Zelebranten (dem Papst). Sie wollten mit einer einvernehmlichen Geste ihren sehnlichen Wunsch nach Erreichung des Zeitpunktes bekunden, an dem wir, Katholiken und Lutheraner, an derselben Eucharistie werden teilnehmen können, und sie wollten den Segen des Zelebranten empfangen. Voll Liebe habe ich sie gesegnet.« Das ist einfach herzbewegend – und wer Menschen kennt, weiß, daß es auf die Dauer immer auf die unbesiegbaren Kräfte des Herzens ankommt.

Immer wieder betont der Papst die notwendige Gegenseitigkeit des voneinander Lernens. Gegenseitigkeit ist eines der Lieblingsworte dieses Schreibens. Mehrfach wird gesagt, oft hätten die anderen christlichen Kirchen einzelne Elemente aus der gemeinsamen Tradition besser verstanden, bewahrt oder entfaltet, so daß man davon lernen könne. Freimütig bekennt der Papst das Unrecht der Katholiken, ist hier zu jeder Geste der Reue, des Bedauerns und der Entschuldigung bereit, spricht gar von einem Dialog der Umkehr (dieses Wort würde ich für die Übersetzung dem in der deutschen Ausgabe gebrauchten Wort »Bekehrung« vorziehen). Er rechnet auch damit, daß Irrtümer begangen wurden, spricht von der beiderseitigen Schuld, von der mangelnden Treue katholischer Amtsträger. So demütig und freimütig zugleich hat man derartige Sätze noch nie formuliert gesehen.

Hermeneutisch interessant sind die Ausführungen zu den Übersetzungsvorgängen, die je nach Kultur notwendig sind. Für diesen Aspekt hat der Papst viel Verständnis, da das Evangelium den Slawen großenteils über die byzantinische Welt gebracht wurde. Cyrill und Methodius, die Slawenapostel, mußten dabei auf eine ganz andere kulturelle Welt eingehen.

Geradezu revolutionär ist das Angebot des Papstes, über sein eigenes Amt neu zu diskutieren. Man gewinnt den Eindruck, daß er gern bereit ist, dieses Amt als »ökumenisches Dienstamt« und damit als Zeichen der Einheit zu betrachten und neue Formen seiner Gestaltung zu entwickeln. Dieser Anstoß ist auch deshalb wichtig, weil die Angst der meisten Protestanten vor dem Papsttum ungefähr so irrational ist wie die vor einem chinesischen Götzenbild aus dem dritten Jahrtausend vor Christus. Wie überall liegt der schwarze Peter dann freilich bei der Kirchenverwaltung. Wer die geradezu panische Angst evangelischer Theologiestudierender vor den Landeskirchenämtern kennt, kann sich unschwer vorstellen, welch wirkliches oder vermeintliches Biest der »Vatikan«, die Kirchenverwaltung in Rom ist oder sein könnte.

Besonders zu beachten sind zwei Elemente: Die Rolle der Märtyrer und die nimmermüde Betonung der Bedeutung des gemeinsamen Gebets um die Einheit. In der Rolle der Märtyrer hatte schon die Enzyklika »Glanz der Wahrheit« besondere Akzente gesetzt. Hier zeigte sich bereits damals das unvergessene und kostbare Erbe aus den langen Jahrzehnten kirchlichen Widerstands gegen den Bolschewismus, das der Papst aus Polen mitbringen konnte, der wie alle Christen damit rechnen mußte und konnte, irgendwann einmal für Jahrzehnte im Gefängnis zu sitzen und dort auch »beseitigt« zu werden. Jetzt, in der Einheitsenzyklika, wird dieses Thema weiter ausgebaut, und der Papst gelangt zu erstaunlichen Sätzen: Wo Menschen ihr Leben für den Glauben riskieren, besteht schon die volle Einheit der Kirchen. Denn wenn diese intensivste Gemeinschaft mit Christus gegeben ist, dann ist sie auch in der Kirche gegeben. Die Märtyrer sind Beweis für die Macht der Gnade in der einen Kirche. Der Papst hebt hervor, wie viele Märtyrer es gerade in diesem Jahrhundert gegeben habe, und seine Einschätzung besteht wohl völlig zu Recht, daß ihr selbstloses Zeugnis auch in unserem Jahrhundert intensive Bedeutung besitzt. Was wäre evangelische Theologie ohne das Blutzeugnis von Dietrich Bonhoeffer? Auf die deckungsgleiche Einheit von Leben und Lehre ist gerade die akademische Theologie gänzlich angewiesen. Denn es sind Menschen, die Theologie studieren.

Stichwort »Gebet«: Überholtes Zeremoniell oder leere Ersatzhandlung? Der Papst meint völlig zu Recht, daß man diese Dimension der geistlichen Existenz nicht unterschätzen sollte. Denn Gebet ist nichts Billiges oder Ermäßigtes, sondern der Christ setzt sich der Wirklichkeit Gottes aus, sucht nach Gottes Angesicht, wird klein vor der Größe Gottes. Wenn Menschen das gemeinsam tun, erscheinen ihre Unterschiede nur als lächerlich gering. Der sicherste Weg, den Willen von Menschen zu beugen, ist es, wenn man sich hineinspricht in die Wirklichkeit Gottes. Gemeinsames Gebet getrennter Christen um die Einheit ist daher höchst sinnvoll, wenn man es denn überhaupt ernst meint mit der Wirklichkeit Gottes.

WIE DIE LITURGIE VERBINDET

Wenn man täglich erfahren kann, wie wenig zum Beispiel evangelische Theologiestudierende von der katholischen Kirche wissen, kann man nur die ganz schlichten, in diesem Schreiben wiederum genannten Grundbedingungen jeder Ökumene nicht gründlich genug einfordern, zum Beispiel Kenntnis übereinander. Und der Papst rennt keineswegs offene Türen ein, wenn er fordert, der Bedeutung der Liturgie sei ein fester Platz im Theologiestudium einzuräumen. Wo gibt es das bei Protestanten im Hauptstudium der Theologie? Das ist auch ökumenisch wichtig, weil man sonst gar keinen Sinn entwickeln kann für die alten gemeinsamen Elemente der Liturgie, von denen der Papst spricht.

Was diese Enzyklika nicht bietet: Weltfremde dogmatische Subtilitäten, neue praktische Regeln für den ökumenischen Alltag. Sie schafft keine Regelungen, wo viele Menschen sie gerne sähen. Laien meinen oft, es läge am guten Willen des Papstes, das protestantische Abendmahl für gleichwertig zu erklären. Das ist zu kurz gedacht, denn diese Lehrdifferenzen sind im Amts- und Kirchenverständnis begründet. Der Papst weiß das und öffnet eine Türe, wenn er sagt, es gehe um eine gemeinsame Suche nach der Wahrheit, besonders über die Kirche.

Wenn man gemeinsam sucht, »hat« es keiner der Beteiligten schon ganz, und so heißt es hier, daß oft nur verschiedene Sichtweisen zu scheinbaren Unvereinbarkeiten geführt hätten. Es komme aber darauf an, Formulierungen zu finden, in denen sich alle wiedererkennen könnten. Da tut sich noch eine ganze Landschaft von Gräben auf, und kein Sachkenner kann hier von einer Enzyklika Umwälzungen erwarten. Der Papst selbst sagt, sein Schreiben sei pastoral gemeint, und das ist es im besten Sinne des Wortes. Allein schon das hat dieses Schreiben gelohnt, daß einmal die Berufs-Ökumeniker, Theologen, die die bilateralen Gespräche oft seit Jahren führen, vorbehaltlos gelobt werden, ohne jede Warnung! Erfreulich ist auch, daß alle Christinnen und Christen in diesen Prozeß einbezogen werden sollen.

Weil es ein pastorales Schreiben ist, nennt der Papst am Ende auch die hauptsächlichen strittigen Themen: Bibel und Lehramt (besonders das Verhältnis beider zueinander); Eucharistie; Weihesakrament und Maria.

Aber was möglich war, hat der Papst in diesem Rundschreiben getan: Er gibt eine gute Zusammenfassung aller ökumenischen Ansätze aus der jüngsten Kirchengeschichte, die die katholische Kirche betreffen. Johannes Paul II. wirkt ansteckend in seiner Sehnsucht nach Einheit, kann sagen, daß viele Schritte schon getan worden sind. Niemand weiß, wie lang der Weg noch ist. Dieses Rundschreiben ist selbst ein Schritt vorwärts, wenn es denn gilt, daß Mentalität, Erwartungen, positive Gestimmtheiten, Sehnsüchte und Hoffnungen viel mehr als alles andere unsere Wege steuern. Vor allem ein glaubwürdiges päpstliches Vorbild. Ich selbst habe zu jeder Gelegenheit betont, daß diese glaubwürdige Überzeugungskraft das wichtigste persönliche Kapital dieses Papstes ist. In einem der schönsten Sätze dieses langen Schreibens heißt es: »Vor den Augen der Welt nimmt die Zusammenarbeit unter Christen die Dimensionen des gemeinsamen christlichen Zeugnisses an.«

6. Abendmahl, Amt und Kircheneinheit
Zur sogenannten »eucharistischen Gastfreundschaft«

Man täusche sich nicht über die Situation: Vielerorts ist der gegenseitige Besuch des Abendmahls bei evangelischen und katholischen Gemeinden längst üblich, zumindest ein- oder mehrmals im Jahr. Wenn ein neuer, oft: ein jüngerer Pfarrer das rückgängig macht, gibt es ob solcher »Lieblosigkeit« stets großen Ärger und Verdruß. Dabei gilt es aus unerfindlichen Gründen als weniger »schlimm«, wenn Protestanten bei Katholiken zum Herrenmahl gehen, als umgekehrt. Beim ökumenischen Kirchentag werden die Journalisten förmlich darauf lauern, die sicher nicht wenigen unfolgsamen Katholiken aufzuspüren. Sehr viele Katholiken teilen den protestantischen Standpunkt, gemeinsame Eucharistiefeiern seien längst überfällig, und für die theologischen Spitzfindigkeiten der katholischen Hierarchie habe man kein Verständnis. Die Entwicklung an der Basis scheint den Einwänden der Theologen buchstäblich davonzulaufen.

TAUFE UND HERRENMAHL

Strittig ist vor allem, ob die Eucharistie die gewünschte Einheit von sich aus bewirkt oder ob sie bestehende Einheit voraussetzt. An dieser Stelle sind nun vor allem zwei Sakramente zu betrachten, die Taufe und das Herrenmahl. Bei beiden hat eine Vielzahl von Menschen Anteil an jeweils einem Zeichen (Berührung mit Wasser, Essen und Trinken), das für die vielen Gemeinsames bedeutet. Die Taufe bewirkt grundlegend die Gemeinsamkeit aller Christen gegenüber den Nichtchristen. Grade in dieser Rolle wird die Taufe in der akuten Diskussion mit der Eucharistie verwechselt, die eben trotz der eben genannten strukturellen Ähnlichkeit eine andere Funktion hat. Wer meint, das Abendmahl stelle die grundsätzliche Zugehörigkeit zu Christus her, ist an der falschen Adresse. Er soll sich taufen lassen oder an die Taufe erinnern lassen. So wird denn auch die Taufe bei getrennten Christen seit jeher anerkannt, wenn sie mit frischem Wasser und nach der Formel von Mt 28,19 erfolgt.

Bei der Eucharistie dagegen wird die bestehende Gemeinsamkeit nun als volle und unüberholbare Einheit verwirklicht. Das letztere ist besonders wichtig: Mehr als Christi Leib durch die eine Speise können wir nicht werden. Daher ist die Eucharistie Frucht und Vollendung aller christlichen Existenz. – Wir befinden uns mitten auf dem Weg von der gemeinsamen Taufe zur noch nicht gemeinsamen Mahlfeier.

ERST DIE VERSÖHNUNG, DANN DAS MAHL

Ein Hinweis auf diesen Grundsatz ist die Forderung der »Lehre der zwölf Apostel« (Didache) aus dem 1. Jahrhundert nach Christus, daß sich vor dem Herrenmahl alle Christen miteinander versöhnen müßten. Denn sonst sei dieses Opfer ungültig nach Mt 5,23-26. Daher steht seit alters das Vaterunser vor der Kommunion, denn das Vaterunser enthält den Hinweis »wie auch wir vergeben haben denen, die uns etwas schuldig sind«. Diese vollzogene Versöhnung ist dann die Grundlage für die Bitte um Vergebung durch Gott (»Vergib uns unsere Schuld«). Die richtige Reihenfolge ist daher: Die Menschen versöhnen sich miteinander – Gott schenkt Versöhnung – das Mahl besiegelt, feiert und verwirklicht diese Versöhnung. Auch in protestantischen Riten steht die Bitte um Vergebung stets vor dem Abendmahl.

Nun sind aber leider, und das ist wirklich schmerzlich, die Christen noch nicht miteinander versöhnt. Ein Beispiel mag das drastisch zeigen: Ein evangelischer Theologe hat eine katholische Theologin zur Frau. Er bekommt von seiner Landeskirche her keine Anstellung als Pfarrer, wenn die Kinder nicht evangelisch getauft sind. Seine katholische Frau darf sich in der Theologie nicht habilitieren, weil die Kinder evangelisch und nicht katholisch sind. Einer von beiden muß daher seinen mit Mühe erlernten und mit Freude ausgeübten Beruf aufgeben. Und lebenslange erzwungene Arbeitslosigkeit ist für einen Theologen genau so schlimm wie für andere. Viele Beispiele wären aus anderen Gebieten zu ergänzen, ohne daß damit irgendeine Kirche beschuldigt würde. Man kann nur sagen: Wer hier »schon mal Versöhnung feiert«, mogelt sich an der Wirklichkeit vorbei. Mit brüchigem Pflaster deckt er die wahrhaft schmerzenden Wunden und Unmöglichkeiten zu, die die Trennung mit sich gebracht hat und bringt – ein Hohn für die Opfer.

Schon das Neue Testament kennt einen ähnlichen Fall, der von

Paulus pragmatisch gelöst wird. In Korinth feiert eine Gemeinde Herrenmahl, die sich erkennbar nicht einig ist. Jedermann weiß, daß sich hier Grüppchen bilden, von denen einige am liebsten schon gar nicht mehr zur Gemeinde dazugehören möchten. Es geht um Diskriminierung bei der gemeinsamen Mahlzeit, die erkennen läßt: Die Christen sind sich nicht wirklich einig. Dem Zeichen des gemeinsamen Mahles fehlt die grundlegende Glaubwürdigkeit. Paulus sagt: Wer Einheit feiert, ohne daß sie besteht, versündigt sich am Herrn selbst, denn er begründet und stiftet doch durch sich selbst diese Einheit. An keiner Stelle seiner Briefe kündigt Paulus so kompromißlos denen schon gegenwärtiges Gottesgericht an, die sich auf diese Weise versündigen. Wer eine Einheit feiert, ohne daß sie wirklich besteht, »ißt und trinkt sich das Gericht«. Denn er läßt das höchste und kostbarste christliche Zeichen, das gemeinsame Mahl, zum unglaubwürdigen Theater verkommen. – Die Lösung, die Paulus verordnet, offenbart seinen praktischen Sinn: Er kann die Wurzel der Uneinigkeit abstellen, indem er sie in den privaten Bereich zurückstellt: »Eßt, wenn ihr Hunger habt, zuhause«, sagt er, um das Sakrament als Zeichen der Einheit zu retten. Paulus sagt unumwunden: Jede Abendmahlsfeier soll in sich glaubwürdig Einheit darstellen, oder man soll sie um Gottes willen lassen!

SAKRAMENT UND AMT

Und genau an dieser Stelle liegt auch der Schlüssel für die Bedeutung des Amtes für das Herrenmahl. Kaum jemand kann noch verstehen, was die apostolische Sukzession des Amtes (dessen lückenlose Weitergabe von den Aposteln her) mit dem Herrenmahl zu tun haben soll. Für Paulus ist sie noch kein Thema, weil er noch nicht in Generationen denkt. Doch in Wahrheit ist das Amt für die Eucharistie ganz zentral, denn es stellt Einheit sichtbar dar. Denn darum geht es beim Abendmahl: Es ist eine Entfaltung des absoluten Ersten Gebotes. Gott, der eine und einzige, bleibt als der Eine nicht unsichtbar im fernen Himmel, sondern gibt sich selbst einheitsstiftend an die Menschen. Sie realisieren seine Einheit und Einzigkeit mitten in der Welt. Das Amt stiftet und schützt dieses Einssein in der Vertikalen wie in der Horizontalen.

Vertikal ist die historische Abfolge aus der Vergangenheit in die Zukunft hinein. Die Früheren geben das Amt weiter an die Späteren. Und eben in diesem Vorgang geht es um die Einheit über die Zeiten hin. Grundlegend ist die Furcht der Kirche vor selbsternannter Autorität. Denn das bedeutet in aller Regel Anmaßung, einen Bruch und Unsicherheit. Auch in jeder Firma darf sich der Träger der Vollmacht und Macht nicht selbst ernennen, sondern wird von der Führungsriege bestimmt. Die Weitergabe des Amtes von einem Gremium von Amtsträgern auf die Nachfolger ist daher die unerläßliche Wahrung der Einheit in der Abfolge der Zeiten, also in der Geschichte. Wirkliche Einheit gibt es beim Abendmahl daher nur, wenn es in der Abfolge der Sukzession des Amtes gefeiert wird.

AMT UND CHARISMEN

Natürlich gibt es in der Kirche neben dem in Sukzession weitergegebenen Amt auch andere, direkt von Gott geschenkte Gaben. Man nennt sie seit Paulus Charismen. Diese Gaben werden quer zu den Amtsträgern verliehen, und sie äußern sich zum Beispiel bei einer Vielzahl von Heiligen. Gegenüber den Charismen hat indes das Amt eine andere, singuläre Funktion. Denn das Amt garantiert gegenüber der Verschiedenheit der Charismen deren Einheit, besser gesagt: deren Zuordnung auf die in jedem Fall zu wahrende Einheit. Paulus demonstriert in 1 Kor 12 f eindrucksvoll, daß er gerade so die Aufgabe seines Apostelamtes versteht.

Damit sind wir bei der horizontalen Linie: Das Amt findet nämlich auch in dem gleichzeitigen Nebeneinander von Aufgaben und Gaben in einer Gemeinde seinen Ort und seinen Maßstab darin, Einheit zu organisieren, zu heilen und zu garantieren. Wenn also das Herrenmahl Entfaltung und Feier der Einheit der Gemeinde ist, dann ist das Amt dabei unerläßlich. Die vornehmste Aufgabe des kirchlichen Amtes ist somit die »Leitung« der Eucharistiefeier. Denn jede Einladung zum Herrenmahl, jeder ordentliche Vollzug und die Abwehr jeder Gefährdung der Einheit ist eben Aufgabe des Amtes. So ist nicht nur in der Folge der Zeiten die Einheit der Kirche gewahrt, sondern auch in der gegenwärtigen Organisation. So gilt: Weil die Eucharistiefeier höchste Verwirklichung der Einheit der Kirche ist, gehört das Amt als

Garant der Einheit in der Geschichte und in der Gemeinde in seine Mitte.

Nun kann man einwenden, allein Gottes Geist gewährleiste auf Dauer die Identität der Kirche. So gewiß es Gott selbst ist, der der Kirche Einheit und Identität schenkt, so gewiß ist es auch, daß dieses mit Hilfe des Amtes und jedenfalls nicht ohne das Amt geschieht. Denn bloß auf den Heiligen Geist hat sich schon mancher berufen. Oder anders gesagt: Zum Beispiel Paulus ist nicht so weltfremd, daß er meinen könnte, der Heilige Geist würde schon von selbst die Kirche führen und bewahren. So sehr das wahr ist, so nötig sind doch konkrete Weisungen des Apostels, der sehr pragmatisch und mit geschickt gebrauchtem Handwerkzeug durch seine Autorität mit seinen Briefen die Gemeinden ordnet. Weil Paulus Instrument Gottes ist, nennt er sich »Diener Gottes«.

FRAGEN ZUR »EUCHARISTISCHEN GASTFREUNDSCHAFT«

Wir haben gesehen: Wo keine Einheit des Amtes ist, ist auch keine Einheit der Kirche. Wer trotz der Verschiedenheit des Amtes »schon mal Abendmahl feiert«, leistet sich ein Scheinmanöver. Die dadurch hergestellte Einheit hält genau so lange vor wie der jeweilige Gottesdienst. Es ist wie wenn man eine zerbrochene Vase mit Spucke kleben wollte. Glaubwürdigkeit ist das A und O der Verkündigung. Bis dahin gilt: *Wer das Sakrament der Einheit feiert, wo doch jedes Kind und die gesamte Öffentlichkeit weiß, daß am Montagmorgen die Einheit wieder zerfallen ist, wird falschen Schein erwecken.* – Folgende Einwände sind zu erwarten:

Erstens: Warum nehmt ihr das Amt so wichtig? Genügt es nicht, wenn Menschen zusammen kommen, die Jesus lieben? Antwort: Keine Konfession hat die Illusion der Freiheit vom Amt lange durchstehen können. In der Tat sollte aber das Amt einen und nicht spalten, dienen und nicht herrschen, für alle dasein und nicht als Selbstzweck.

Einwand zwei: Die theologischen Unterscheidungen sind nicht vermittelbar. Die Menschen sehen keine ernst zu nehmenden Differenzen zwischen den Konfessionen mehr. – Dagegen: Es gibt eine Ökumene der Macher, die wie Elefanten im Porzellanladen alles Besondere und Gewachsene bei allen Beteiligten zerstören. Sie übersehen, daß Kultur immer in der Differenzierung besteht. Die Differenzen können negativ wie positiv wirken, sie können trennen und Reichtum bedeuten. Ohne diese Ambivalenz wird Kultur kaum bestehen können. Eine Gesellschaft der Bequemlichkeit sieht freilich nur auf die Beschwerlichkeiten und hat nicht mehr die Kraft, sich den Reichtum anzueignen. Doch die Differenzen sollten als Reichtum zur Geltung gebracht werden. Allerdings gilt im Zweifel immer die Einheit. Die Vielfalt z.B. der katholischen Orden und der mit Rom unierten Ostkirchen zeigt, was alles möglich ist.

Einwand drei: Ist es nicht auch sonst Merkmal des christlichen Denkens, Erhofftes vorwegzunehmen in einer Antizipation? – Dagegen: Antizipation ist kein biblisches Denkmodell, insbesondere keines, das auf das Reich Gottes Anwendung finden könnte. Denn dann wäre es ja der Mensch, der von sich aus etwas vorwegnehmen will, dessen Durchführung allein in Gottes Hand liegt.

Einwand vier: Soll man nicht subsidiär »von unten her« durchsetzen, was »die da oben« offenbar nicht zustande bringen? Vollendete Tatsachen schaffen, damit die Hierarchien nachziehen? – Antwort: Wir hatten diesen Fall schon einmal in der Geschichte der Kirche. Petrus mit seinen Judenchristen und Paulus mit seinen Heidenchristen wurden – wohl durch Druck von unten – genötigt, gemeinsam Abendmahl zu feiern. Diese Einheit zerbrach, weil die Judenchristen dabei über den Tisch gezogen wurden, denn von ihren Grundsätzen her konnten sie der Mahlgemeinschaft nicht zustimmen (Galater 2). Mißachtung der Grundsätze rächt sich immer über kurz oder lang. Und nachher ist dann alles schlimmer als zuvor. Grundsätze mag man für altmodisch halten, doch über Identität setzt man sich nicht ungestraft hinweg.

Der Ausdruck »Gastfreundschaft« suggeriert, es ginge um etwas Gutes und Gesegnetes. Aber schon bei den Mählern Jesu muß man unterscheiden zwischen den offenen, missionarischen Mahlzeiten Jesu und dem letzten Abendmahl. Nur beim letzteren gibt es Deuteworte (»Das ist ...«), nur hier ist vom Bund die Rede. Die Teilnehmerzahl ist demonstrativ begrenzt auf die Zwölf. Das Abendmahl ist eine Familienfeier und eben deshalb ohne Gäste.

Einwand fünf: Darf in der noch gespaltenen Christenheit überhaupt irgend jemand Abendmahl feiern? – In der Tat legt die Eucharistie so heftig wie nichts anderes nahe, so intensiv wie nur möglich Einheit zu ersehnen. Abgesehen davon ist mit Paulus nach 1 Kor großes Gewicht auf die Glaubwürdigkeit der jeweiligen Ortsgemeinde zu legen.

Einwand sechs: Wenn das hier Gesagte gilt, wie soll dann je Einheit der getrennten Kirchen zustande kommen? Antwort: Durch eine religiöse Erneuerung in der Tiefe und aus der Tiefe heraus. Zum Beispiel schweigend nebeneinander sitzen oder betend vor Gott liegen und das Gespräch nicht übereinander, sondern mit ihm führen. Das wäre also der Weg monastischer, nicht scholastischer Theologie.

Es wird ein langer Weg sein, und nur Gott kann die Einheit schenken. Offenbar sind Kompromißformeln der Dogmatiker, die keiner versteht und die keinen interessieren, nicht der einzige, vielleicht nicht einmal der richtige Weg.

Ein abwegiges Modell ist es, einseitig nur Evangelische in die katholische Messe einzuladen und nicht auch umgekehrt. Denn vom Neuen Testament her müßten für Protestanten dieselben Regeln gelten. Und die auf diese Weise halbierte Gastfreundschaft verdoppelt nur das Ärgernis.

Die Unglaubwürdigkeit einer Schein-Einheit und das Ärgernis sind gegeben, wenn offiziell Gastfreundschaft »auf Zeit« angemeldet wird. Für Paulus ist in 1 Kor das öffentliche Bekanntsein einer Sache der Gemeinde durchgehend absolut wichtig und wird von der nur privaten Sphäre und der Einzelseelsorge sorgfältig getrennt. – Auch deshalb gilt für den unscheinbaren Einzelfall, besonders wenn der Kommunikant dem Priester nicht bekannt ist, die bischöfliche Regel: An der Kommunionbank ist niemand nach seinem Taufschein zu fragen. – Das Ärgernis dagegen liegt bei der öffentlichen Heuchelei.

7. Bis der Notarzt kommt
Zurück zur Bibel? Der Ökumenismus treibt neue, welke Blüten

Was in aller Welt sollte nicht stimmen bei so vielen Gutmenschen? Es gibt doch auch so viele gute Bücher zum Thema Ökumene, von Harding Meyer bis Heinrich Fries, es gibt Lehrstühle für Ökumenismus und vor allem Kongresse. Sollte ich das alles übersehen haben? Sollte mich gar der Spalt-Teufel reiten? Nun, sicher kann man nie sein – und vielleicht ist es die kollektive Selbstsicherheit des ökumenistischen Establishments, die am meisten irritiert, ja deprimiert. Wie bemerkte jüngst ein Berichterstatter? »Der Grad der Selbstreferentialität ökumenischer Dokumente wird nur noch von vatikanischen Enzykliken übertroffen.«

Die Lebenslüge Numero eins des Ökumenismus ist die Meinung, »die Bibel« oder »allein die Schrift« sei Maßstab der Vereinigung der Kirchen. In der Ahnungslosigkeit der fünfziger Jahre meinten viele, die Annäherung an die Bibel brächte die Christen zusammen. Aber die Schrift enthält Unterschiedliches, allein im Neuen Testament gibt es etwa dreizehn verschiedene Theologien, und überdies hat fast jeder Professor noch seine eigenen Ansichten über das, was darin steht. Es ist daher unangebracht, wenn Protestanten Katholiken ermahnen, sie müßten schriftgemäßer werden. Allzuoft ist die Schrift ideologisiert und vor den jeweils eigenen Karren gespannt worden.

Schon in den sechziger Jahren hat deshalb Ernst Käsemann verkündet, die Schrift könne nicht die Einheit der Kirche begründen. Freilich teile ich nicht seine Meinung, die Kirche sei nie wirklich eins gewesen. Doch mit der Schrift hatte er recht, denn die Schrift gibt es nicht pur, sondern immer nur in der Lektüre derer, die sie auslegen. Ist das »sola scriptura« in irgendeinem Sinne realistisch? Christlicher Glauben ist weder die Summe der Professorenmeinungen, noch kann sich jeder einzelne zurechtlegen, was er glauben soll und will. Anhand der »Schwulensegnung«, der sich in Deutschland immerhin fünf große evangelische Landeskirchen angeschlossen haben und die sicher nicht schriftgemäß ist, wird deutlich, daß an diesem Prinzip eigentlich keiner mehr festhalten kann. Gewiß kann man sich exegetisch verbiegen, um den Text so lange zu kitzeln, bis er das Gewünschte hergibt. Doch in den obengenannten Reden aus München liest man auf jeder Seite zweimal vom »Zurück zur Bibel«. Entweder haben die Redner keine Ahnung von Erkenntnistheorie oder von Exegese, oder sie verkaufen ihre Zuhörer für dumm.

So ist es eine Überforderung jeder denkbaren Exegese, das Recht auf Frauenordination aus dem Neuen Testament zu erweisen. Das letzte exegetische Mittel, freilich aus Zeiten des Faustrechts in der Bibelauslegung, ist immer, eine spätere Glosse anzunehmen. So geschieht es etwa für die Stelle 1. Kor 14,34-36. Genausowenig kann man die Ohrenbeichte vor dem Pfarrer aus der Schrift beweisen. Das muß ja auch alles nicht sein – nur wer das Gegenteil fordert, schafft mit dem Rekurs auf die »Schrift« mehr Probleme, als er löst.

Ökumenismus stellt sich auf zwei unterschiedlichen Ebenen dar. Die obengenannte ist die professorale, theoretische. Davon zu unterscheiden ist die praktische, auf der das theoretisch Erdachte vor Ort umgesetzt wird, »bis der Notarzt kommt«. Als Theorie ist Ökumenismus ein Selbstläufer irenischer Professoren geworden, subtil, gelehrt und praxisfern (siehe Dokumente über »Rechtfertigung«). Auch hier gilt: Wer auch nur geringe Ahnung hat von der Verführbarkeit des Geistes, wird sich nicht darüber wundern, wie geduldig Papier ist. Denn innerhalb eines gewissen Rahmens kann man, wenn man nur will, nahezu alles philologisch beweisen. Auch jedem Juristen sollte dieses vertraut sein. Wenn man nur will, kann man zeigen, daß Standpunkt x und Standpunkt y gar nicht so weit auseinanderliegen, wie man meinte. Dieses verzweifelte Bemühen bedingt im übrigen auch die Wirkungslosigkeit ganzer ökumenistischer Bibliotheken. Als Praxis hingegen ist Ökumenismus ein »Hobby« aufgeklärter Reformer. Insbesondere die katholische Kirche ist seit dem Konzil zu einem Ameisenhaufen selbsternannter Kirchenverbesserer geworden. Keine Autofahrt mit Pfarrgemeinderäten vergeht, auf der ich nicht tiefgreifende Reformvorschläge (alle in Richtung Ökumene) anhören muß. Und wer will sich schon der bevorstehenden herrlichen Verschwisterung widersetzen?

Je länger ich diesem Treiben zuschaue, um so mehr stellt sich die Frage: Kann man überhaupt so mit einer Religion umgehen? Die Antwort ist immer stärker: Nein. Das, was produziert wird, ist Aufklärung ohne ihre Dialektik, sind aufklärerische Freundschaftsbünde, oft inklusive Horror vor Ritualen. Um einen vernünftigen Freundschaftsbund ging es zum Beispiel, als vor 180 Jahren die Badische Union entstand: »in der Einigkeit und Freundschaft mit allen Christen«. Und diese Aufklärung ist von Religion haarscharf verschieden. Freilich schrieb schon 1993 der Ökumeniker Heinrich Fries anläßlich meiner Rezension zum »Weltkatechismus« in dieser Zeitung, die Gefahr eines Humanismus, der Reduktion auf ein Minimalbekenntnis, bestehe für seine Ökumene nicht. Nun, man kann ja sehen, was in den elf Jahren seitdem geschehen ist.

Doch was auch immer man gegen Ökumenismus einwendet, dem Kritiker wird es ergehen wie in der Fabel von Hase und Igel. Wer sagt: In der Religion der Zukunft wird es um drei Dinge gehen – um das Geheimnis, das Heilige und die reale Gegenwart Gottes, der wird hören: Haben wir alles, machen wir alles schon. Denn die Berufsökumeniker werden stets behaupten, daß sie nichts aufgeben wollen. Man muß schon genau hingucken, wenn man die Unterschiede zwischen Säkularisat und Original entdecken will.

Zwei Punkte: Die Kirche der Ökumeniker ist keine missionarische mehr. Folgt man dem Ökumeniker Otto Hermann Pesch, so wird die Kirche in Zukunft bestenfalls ein »Markt der Möglichkeiten« sein. Eine sich so verstehende Kirche wird sich vor allem mit ihren inneren Problemen beschäftigen. Früher gab es dafür Konzilien, die durch ihre Autorität die Kirche geschlossen und damit missionsfähig hielten. Es ist schon Weisheit Jesu: Ein in sich gespaltenes Reich kann sich nicht ausbreiten. Nein, Paulus und Jesus nach dem 4. Evangelium meinten wirkliche Einmütigkeit und nicht eine zerstrittene und nicht wirkliche Einheit der Verschiedenen.

Irenische Berufsökumeniker meinten jüngst, an der Basis solle alles gemeinsam gehalten werden: Schulunterricht in Religion, Gottesdienste, Stadtsynoden. Nur die Bischöfe könnten verschieden bleiben. Der geneigte Leser wird ahnen, was ich von dieser schleichenden Einheit von unten halte: Sie ist eine gefährliche Mogelpackung, die zum Verlust der katholischen und lutherischen Identität führen muß. Wie sehr sind Schulkinder auf Zeichen des gelebten Glaubens angewiesen. Und gelebter Glaube ist nicht abstrakt, sondern beginnt zum Beispiel »auf katholisch« mit dem Kreuzzeichen und endet mit der

Maiandacht. Leiden wird immer der, der religionsgeschichtlich gesehen mehr zu verlieren hat.

Das zweite, was fehlt, sind die Spitzen religiöser Erfahrung »oben« und »unten«. Eine aufgeklärte Religion wird weder die Seligkeit des Findens der Wahrheit noch die Abgründe von Kreuz, Martyrium, Leid und Schande aufweisen. Daß der aufgeklärten Theologie das extreme Leiden fremd ist, zeigt im Rückblick die Diskussion um den Gibson-Film »Die Passion Jesu«. Extremes Leiden und Mitleiden ist außerhalb der Kontrolle der wohltemperierten Vernunft. Das vor allem war für die Bischöfe ein Ärgernis: extreme religiöse Erfahrung. Darstellungen des Schmerzensmanns werden aus Kirchen entfernt, eine Bischöfin schlägt vor, statt des Kreuzes lieber spielende Kinder abzubilden. Schlechte Zeiten also für Pascals Gott Abrahams, Isaaks und Jakobs.

Was es mit des Kreuzes Schande auf sich hat, ist am Stichwort Zölibat zu zeigen. In meine Sprechstunde kommen oft Studenten, die sagen: Eigentlich bin ich katholisch, aber es ist ja sowieso alles gleich, und da studiere ich erst einmal evangelische Theologie, auch wegen des Zölibats. In der Tat: Wenn alles ohnehin ganz ähnlich ist, wozu noch den Zölibat halten? Jesu Eunuchenwort (Mt 19,12) und paulinische Kreuzestheologie haben viel miteinander zu tun: Eunuch zu sein ist genauso eine Schande wie fehlendes Ansehen bei Paulus. Und das Kreuz zumal ist die schändlichste Hinrichtungsart. Das Wort Kreuz markiert bei Paulus immer den direkten Gegensatz zu den bürgerlichen Wertvorstellungen. Jesus sagt: »Wenn jemand hinter mir gehen will, soll er nicht an sich selbst denken, sondern nach meinem Vorbild Kreuz [und Schande] auf sich nehmen« (Mk 8,34).

Nimmt man hier Paulus und Jesus zusammen, dann gilt: Nicht Ehelosigkeit ist die Schande, sondern ehrenrührig ist es, keinen »Partner« zu haben. Wer keinen »Partner« hat, der hat eben keinen »abgekriegt«, ist ein Mauerblümchen ohne Attraktivität, Ausstrahlung und Charme. Ob er freiwillig verzichtet hat oder nicht, ist dabei ganz egal. Wer keinen Partner hat, wird dagegen in jeder Hinsicht verdächtigt. Gewiß kann man auch auf andere Weise ganz dem Herrn gehören. Aber der Verzicht auf Partner ist ein ganz besonderes Zeichen, ein prophetisches, wie es eben prophetische Zeichenhandlungen waren. Aber es ist ein Zeichen mit besonderem Verkündigungscharakter über das, was Glauben überhaupt bedeutet. Schon immer hatten Ehe und Sexualität in Israel diesen hochsensiblen Zeichencharakter.

Eine Verkündigung ohne dieses Zeichen wäre ärmer oder, wie die katholische Kirche denkt, entscheidend ärmer. Sie sieht dieses Zeichen bei Johannes dem Täufer, Jesus und Paulus. Beim Zwangszölibat verzichtet man freiwillig nicht nur auf den Partner, sondern auch auf seine Freiheit. Also doppelte Schande, zu den letzteren zu gehören. Leiden, Blut und Kreuz, Schande und Martyrium gehören zum Problem der Theodizee. Schon die alte Aufklärung ist an dieser Frage gescheitert. Der ökumenistischen Aufklärung wird es da nicht anders ergehen. Keiner wird für Aufkläricht sterben wollen.

Vor allem für die protestantische Seite ist dieses peinlich. Nach meiner Kenntnis liegt der protestantische Kirchenbesuch bei ein bis zwei Prozent, der katholische bei zehn Prozent. Die Bindekraft der katholischen Kirche ist etwa zehnmal stärker. Eine »Ein-bis-zwei-Prozent-Kirche« ist praktisch tot. Es ist daher verständlich, daß man nach vorne flüchtet und sich mit den Katholiken zusammentut, dabei deren Dummheit (»Theologie-Mangel«) und Gutwilligkeit ausnutzend. So aber kann man mit Religion schon gar nicht umgehen. Denn eine Religion kann man nicht modernisieren. Mein Rat: Beide Seiten brauchen Zeit, Ruhe zu finden.

8. Was heißt »schriftgemäß« in der Ökumene?

Kann die Bibel der Maßstab der Vereinigung der Christen sein? Genügt es also, wenn die verschiedenen Konfessionen sich auf dem Boden der Schrift über die dogmatische oder praktische Ausstattung ihrer Gruppierungen einigen?

Gerade in letzter Zeit sind von evangelischer Seite wiederholt Forderungen erhoben worden, die Katholiken müßten »schriftgemäß« werden. Die Schrift soll damit nicht nur dem Rückgang auf Jesus dienen, sondern auch der Legitimation der jeweiligen Kirchentümer. Ist das Postulat der so verstandenen Schriftgemäßheit die »Lebenslüge des Ökumenismus«? Die heftigen emotionalen Reaktionen auf diese These zeigen, daß hier ein Wespennest liegt, das man möglicherweise zu übersehen gewohnt ist.

Wohlgemerkt: Es steht außer Frage, daß unser Glaube an den dreieinigen Gott auf der Schrift als dem Wort Gottes beruht. Schriftauslegung führt immer wieder an die Quelle des Glaubens. Ich bin deshalb Ausleger des Neuen Testaments geworden und kann mir keinen schöneren Beruf denken. Seitdem ich Neues Testament lehren darf, also seit 1971, tue ich das mit Leidenschaft, und ich bin – wie ein dankbarer Pfarrer – glücklich über jeden, dessen Herz sich von dieser Liebe zum Wort Gottes hat anstecken lassen. Nichts liegt mir ferner, als »vor der Bibel zu warnen«. Aber gerade deshalb ist es aus meiner Sicht nicht möglich, die Bibel »pur« zur Rechtfertigung der gegenwärtigen Gestalt von Kirche oder Kirchentümern zu verwenden.

Wohin ein purer Schriftgebrauch führt, mag ein unverfängliches Beispiel zeigen. Es ist unverfänglich, weil es nicht die katholische Kirche betrifft, sondern eine lutherische Gruppierung außerhalb der EKD, die SELK (»Selbständige Evangelisch-lutherische Kirche«). Diese hat sich im neunzehnten Jahrhundert aus dem Staatskirchentum gelöst. Diese lutherischen Christen halten zum Beispiel keine Abendmahlsgemeinschaft mit anderen Protestanten, sie empfangen das Abendmahl kniend und per Mundkommunion. Und sie kennen keine Frauen-Ordination (so wie bis vor kurzem auch nicht die evangelisch-lutherische Kirche in Schaumburg-Lippe).

Wegen des letzteren Punktes gibt es in der SELK seit Jahren einen schwelenden Streit, der bis zur Spaltung führen könnte. Soll man die Ordination von Frauen zum Pastorenamt zulassen oder nicht? Es liegen zwei qualifizierte Gutachten von Neutestamentlern zu diesem Thema vor. Das eine Gutachten spricht sich gegen Frauenordination aus, das andere dafür. Die Argumente dafür oder dagegen sind jedem Exegeten geläufig. Der Streit schwelt vor sich hin, denn rein exegetisch gesehen kann man eben beides »beweisen«.

Beide Parteien benutzen hier die Bibel als Steinbruch zur Selbstbedienung. Und diese Methode des Schriftbeweises »pur« ist eine wesentliche Ursache der im Calvinismus sich exponentiell vermehrenden Gemeindespaltungen. 153.000 selbständige kirchliche Gruppen zählt man daher. Die eine Gruppe kann immer noch besser als die andere »die ganze Schrift« zu ihren Gunsten auslegen. Und rein logisch gesehen klappt alles wunderbar. Oft ist es auch ein Feilschen um die verwendete Begrifflichkeit. Besonders in Ländern ohne einheitliche

»Gesetzbücher« bestand auch die ganze Kunst der Juristerei eben darin, die passenden Gesetze passend auszulegen und die entlegensten Muster-Urteile anzuführen.

Entsprechendes gilt in den evangelischen Gruppierungen zum Streit über die Schwulensegnung oder zur neuerdings üblichen liturgischen Feier anläßlich der Ehescheidung. Wenn man will, kann man für beide jeweils erwogenen Möglichkeiten, also für begeistertes Ja oder striktes Nein, Schriftbeweise anführen. Der Blätterwald kirchlicher Mitteilungen ist jeweils voll davon. Es ist übrigens überhaupt nichts damit gewonnen, daß man erklärt, wie sehr man die Schrift schätze und wie heilig man sie halte. Darüber finden sich auch wunderbare Aussagen in den Dokumenten des Zweiten Vatikanischen Konzils, und das förmliche Hochhalten der Schrift in der neueren Liturgie zeigt ja, wie sehr Katholiken die Bibel lieben. Doch im einzelnen, so wie es konkret wird, herrscht noch immer der alte Weg des Sammelns von Bibelzitaten – offenbar nicht ohne Recht. Aber wo liegen die Grenzen?

Im Folgenden möchte ich ein Gegenmodell entwerfen, das aus dieser erkennbaren Sackgasse herausführt. Es umfaßt zwei Punkte, einen, der den Umgang mit der Schrift im allgemeinen betrifft, und einen, der die Rolle des Lehramtes hier bedenkt.

Zum ersten Punkt: Die Schrift ist aus der Kirche und für die Kirche entstanden. Das ist historisch wahr und theoretisch richtig. Doch das »für die Kirche« kann nicht bedeuten, daß die Schrift zum Beweismittel für alle möglichen guten Zwecke einfach »verwendet« wird. So ist die Möglichkeit eines Konkordates zwischen Staat und Kirche unter keinen Umständen aus der Schrift zu erweisen, weder aus Röm 13 (Obrigkeit richtet in Gottes Auftrag) noch aus Offb 13 (römische Obrigkeit ist vom Teufel), noch aus Apg 5, 29 (Gott mehr gehorchen als den Menschen).

Und ebenso ist es mit dem Problem des Tyrannenmordes. Auch dieses Handeln im äußersten Notfall ist in keiner Weise mit Bibelzitaten abzudecken. Denn nach Röm 13 widersetzt sich derjenige Gott, der sich der Obrigkeit widersetzt, und nach Offb 13 ist die Rolle der Christen im Falle einer ungerechten Obrigkeit die des Blutzeugen und nicht die des Attentäters. Daß es gerade für Protestanten unmöglich war, das Attentat auf Hitler vom 20. Juli 1944 aus der Schrift zu begründen, hat sie in tiefe Gewissensqualen gestürzt, denen man nur mit Hochachtung begegnen kann. Natürlich könnte man hier exegetisch manipulieren: Einige wollten Röm 13 für eine Glosse erklären, andere Offb 13 für »nicht so wichtig wie Paulus«. Das alles ist möglich, löst aber nicht die bestehenden Probleme.

Die Heilige Schrift ist nicht in dem Sinne Eigentum der Kirche, daß sie nach den jeweiligen Nöten ausgeplündert werden dürfte. Sie ist als Grundlagenbuch der Kirche zugleich auch bleibend fremd und nicht beliebig in ihrem Sinnumfang zu erweitern. Sie ist Zeugnis der Anfänge der Kirche. Aber die Geschichte der Kirche ist nach dem ersten Jahrhundert weitergegangen und ist mit ihren eigenen Nöten ernst zu nehmen. Noch immer finde ich die Mehrzahl der Theologen in der Versuchung, den rabbinischen Grundsatz anzuwenden: »Was nicht in der Bibel steht, gibt es nicht«. Bei aller Hochachtung vor den Rabbinern – es muß dieser im Kern juristische Grundsatz nicht von der Kirche zwangsläufig übernommen werden.

Und zweitens: Um heute zu sagen, was Wahrheit ist, genügt die Schrift nicht. Noch einmal: Sie genügt als Zugang zu Gott und seinem Wort. Sie genügt nicht zur Beantwortung all der Fragen, die ich in diesem Artikel genannt habe. Hier möchte ich nur kurz auf das – von dem reformierten Kollegen D. Ritschl und mir vorgestellte Stuhlbeinprinzip verweisen, das ich hier in meiner katholischen Fassung vortrage. Jeder Stuhl hat vier Beine. Vier Größen muß man daher für jede Frage nach Wahrheit bedenken:

Das erste Bein ist die Schrift, das zweite Bein sind die Konzilien und Lehrentscheidungen der Kirche inklusive Gestalten des Glaubensbekenntnisses, das dritte Stuhlbein ist die Sachkenntnis (Wie soll der über Zulässigkeit von Konkordaten entscheiden, der nichts von Staatskirchenrecht versteht?), das vierte Stuhlbein ist die Frage, was eine Aussage anrichten wird, ob sie kritisch wirken kann oder falsche Freunde zuführt, ob sie akzeptiert werden kann und gerechte Auswirkungen hat.

Das Stuhlbeinmodell ist nicht einfach »unevangelisch«, denn Credos und Bekenntnisschriften gibt es jedenfalls in allen reformatorischen Kirchen. Es ist auch kein Widerspruch zum Lehramt, vielmehr schildert es das Innenleben von Lehramtsentscheidungen. Denn mit der bloßen Auskunft: Das kirchliche Lehramt muß entscheiden, ist zwar Richtiges gesagt, das über bloßen Biblizismus hinausführt, aber es gibt ohne Zweifel »Lebensregeln« für das Lehramt, die, wenn man genau hinschaut, auch bei wirksamen und segensreichen Entscheidungen des Lehramts immer eine Rolle gespielt haben. Das Wort »Lehramt« nennt die Autorität, das Stuhlbeinmodell die Quellen der Wahrheit, die Formen, in denen der heilige Geist wirken kann. Beides, Amt und Form, durchdringen sich im glücklichsten Falle gegenseitig.

Es genügt allerdings nicht, sich nur »auf Gott« zu beziehen und zu meinen, dann klappe es schon mit der Wahrheit und Einheit. Das ist leider nicht praktikabel, und es ist auch strukturell nicht der christlichen Religion angemessen. Denn unser Glaube richtet sich auf den Gott, dem sein Volk zugeordnet ist. Im Credo der Christen begegnet dieses Volk Christen als Kirche. Die Einheit dieser Institution ist immer wieder zu wahren, und so muß sichergestellt sein, daß Christen mit einer Stimme sprechen. Denn sie wollen doch von dem einen Gott zeugen. So geht es am Reformationstag nicht mehr um »Glaube und Werke« sondern schon lange um »Glaube und Kirche«.

9. Das »allgemeine Priestertum«
Eine Formel und ihr Mißbrauch

Der Weg der Ökumene steht vor einer neuerlichen kritischen Phase. Denn die Mitgliedskirchen der EKD sind darüber zerstritten, ob sie die Ordination des Geistlichen lediglich als eine Beauftragung sehen oder als etwas, das der katholischen Weihe wenigstens ähnlich ist. Wortführer der Mehrheit der Lutheraner ist Prof. Wilfried Härle, der die Beauftragungsthese durchsetzen will. Prof. Härle beruft sich für seine These auf das »allgemeine Priestertum der Gläubigen«. Härles Schüler Harald Goertz hat kürzlich dargestellt (»Allgemeines Priestertum und ordiniertes Amt bei Luther«, 1997), wie Härle dieses begründet: Nach Luthers Meinung ist die prinzipielle Befähigung und Vollmacht allen Christen mit der Taufe gegeben, in der Berufung (vocatio) wird der Kandidat lediglich mit der stellvertretenden Ausübung dieser Vollmacht beauftragt, mehr nicht.

Die Rede vom allgemeinen Priestertum der Gläubigen wird freilich in dieser Diskussion – aus meiner Sicht – unsäglich mißbraucht und gibt keineswegs her, was sie in den Augen ihrer neuzeitlichen Anwender liefern soll. Man kann nun einwenden, die alt- oder neutestamentliche inklusive der jüdischen Bedeutung dieser Metapher sei einem egal, wichtig sei nur, wie man sie fülle. Das kann man sagen, doch dann muß man sich nicht wundern, wenn das, was man daraus herleitet, hinten und vorne nicht zum Rest des Glaubens paßt. Hören wir zunächst den Befund: Das Bild stammt aus 2 Mose 19,5 f: »Ihr sollt mir ein Eigentum sein unter allen Völkern; denn mir gehört die ganze Erde. Ihr sollt mir ein Königtum von Priestern und ein heiliges Volk sein«. Der Sinn: »heilig« ist Gottes Eigentum (und umgekehrt). Gott beansprucht das Volk Israel als seinen Besitz, und zwar im Unterschied zu allen anderen. Er darf dieses tun, denn ihm gehört ohnehin die ganze Erde. Wir halten fest: Ein Israel, das Gottes Gebote bewahrt, hat den Ehrentitel »heiliges Volk«, denn alttestamentliche Priester sind heilig, sind Leibeigene Gottes. Er kommt auch für sie auf und schützt sie.

Denn niemals geht es beim »allgemeinen Priestertum« (eigentlich: »königliches Priestertum«!) der Gläubigen um eine Berechtigung von Menschen (so wie auch evangelische Christen vom »Recht der Ordination«" sprechen), sondern immer und ausschließlich meint dieser Ausdruck auch im Neuen Testament Gottes Recht (Eigentum) und Pflicht (Schutz) gegenüber den Menschen. Es ist von keinerlei liturgischer oder im weiteren Sinne kultischer Aktivität oder Funktion die Rede. Sondern um den Status des ganzen Volkes geht es, und um gar nichts sonst. In 23,22 der griechischen Übersetzung von 2 Mose wird das wiederholt. – Bevor die Stelle christlich ausgelegt wird, erwähnt sie das um 200-150 v.Chr. entstandene jüdische Buch der Jubiläen. Beide Belege (19,18 und 33,20) nennen mit Nachdruck die Trennung Israels von den übrigen Völkern, denn es ist heiliger Same, fern von sexueller Unreinheit (»Unzucht«). – Genau dieser Sinn, nämlich die Außenperspektive beherrscht die Verwendung des Ausdrucks auch im Neuen Testament. An der wohl bekanntesten Stelle 1 Petr 2,9 f wird die Gemeinde im ganzen so angeredet. Die Begründung: Als heiliges Volk und königliches Priestertum verkündigt ihr – und zwar durch eure bloße Existenz – Gottes Machttaten. »Denn ihr wart einst Nicht-Volk, nun aber seid ihr Volk«. Gott hat die Gemeinde zum Eigentum erwählt. – In der Offenbarung des Johannes findet sich das

Bild dreimal (1,6; 5,10; 20,6), jedesmal in der Bedeutung »heiliges Volk«. So ergibt sich eine ganz einheitliche biblische Verwendung: Der Ausdruck »königliches Priestertum« sagt etwas über die Heiligkeit in Differenz zu anderen, nicht heiligen Völkern. Mit keinem Wort wird eine kultische, auf den Tempel bezogene Tätigkeit dieser Priesterschaft erwähnt. Denn es kommt auf den Status an, nicht auf eine Tätigkeit. Dieser Status ist von Gott herbeigeführt. »Priestertum« ist in diesem Zitat biblisch durchgehend eine kollektive Metapher für das ganze Volk. Im Alten Testament ist überall im Kontext selbstverständlich vorausgesetzt, daß es innerhalb dieses Volkes dann Hohepriester und Priester gibt, die von Aaron oder Levi abstammen. Nach dem Neuen Testament gilt der Ausdruck »allgemeines Priestertum« genauso für die Gemeinde im ganzen. Er sagt nichts über eine Binnendifferenzierung aus, nichts über kultisches Tun aller, und schon gar nicht wird dadurch ein besonderes Amt ausgeschlossen. Im 1. Petrusbrief gibt es nämlich von der Gemeinde unterschiedene, ihr gegenüberstehende Älteste, die in einem besonderen kollegialen Verhältnis zum Briefsteller Petrus stehen (5,1 f). Und auch die Offenbarung des Johannes kennt in den Gemeinden Propheten und wahrscheinlich sogar Älteste, jedenfalls kennt die himmlische Liturgie 24 Älteste. – Wir halten fest: das allgemeine Priestertum meint die kollektive Heiligkeit der Gemeinde, nicht mehr und nicht weniger. In 1 Petr wie in der Offenbarung ist diese durch Jesu Blut hergestellt. Dadurch ist sie heilig und von allem außerhalb unterschieden. Aber eine Ältestenverfassung ist dadurch nicht ausgeschlossen, vielmehr gegeben.

Nun spielt uns die deutsche Sprache hier einen Streich, der verhängnisvolle Folgen hat. Unser Wort »Priester« kommt nämlich von dem griechischen Wort »presbyteros«, »Ältester«. Wo wir im Sinne des Neuen Testaments von katholischen Priestern in Gemeinden reden, meint das Neue Testament Älteste. In diesem Sinne kennt die katholische Kirchenverfassung seit jeher Bischöfe, Älteste (Presbyter) und Diakone. – So weit, so gut. Gleichzeitig wird das deutsche Wort Priester aber auch zur Übersetzung des hebräischen *kohen*, des griechischen *hiereus* und des lateinischen *sacerdos* verwendet, Titel, die insgesamt dem Ursprung nach nicht-christliche Kultpriester bezeichnen. Mit diesen hatte die Verfassung der Gemeinden im Neuen Testament nichts zu tun. – So wird der Unterschied noch größer: Wenn der 1 Petr die Gemeindeverfassung nennt, sagt er »Älteste«, wenn er die kollektive Heiligkeit nennt, sagt er »Priester«. Für die aktuelle Diskussion bedeutet das: Hier liegen in der Wurzel völlig verschiedene Dinge vor. Keine einzige frühchristliche Gemeinde bezeichnet ihre Amtsträger mit dem heidnischen Wort für »Priester«. Das katholische Priestertum kommt der Sache nach und der deutschen Bezeichnung nach aus dem Presbyterat, und diese Herkunft bricht ihm keinen Zacken aus der Krone.

Sowohl Luther als auch das 2. Vaticanum suggerieren freilich durch den Wortgebrauch sacerdotium bzw. Priester, daß diese Differenz zumindest vom Leser überspielt wird. Denn Luther spielt das katholische Weihe-Presbyterat aus gegen das allgemeine Priestertum, und das 2. Vaticanum spricht vom hierarchischen Priestertum (sacerdotium) im Unterschied zum allgemeinen (sacerdotium) und versucht eine Aufgabenverteilung (Lumen gentium 2,10). Doch in beiden Fällen werden Äpfel zu Birnen addiert. Man kann das tun, aber man muß sich dann über Konfusion nicht wundern. Berufen sich doch auch Laien (inklusive Frauen) in der deutschen Szene, die sich priesterliche Rechte zulegen und in Meßgewand und/oder Stola umherlaufen, auf das allgemeine Priestertum aller Getauften.

Nun gibt es freilich bereits an zwei Stellen schon im Neuen Testament Überschneidungen: Einmal wird Jesus selbst Hoherpriester genannt, und zwar im Hebräerbrief, aber hier doch in der vergleichenden Gegenüberstellung der jüdischen Tempelordnung mit der neuen, himmlischen. Das Gemeindeamt in diesem Brief wird daraus eben gar nicht hergeleitet. Sofern eine Begründung des Weihe-Presbyterats im Hohenpriestertum Jesu Christi in katholischer Erbauungsliteratur dennoch versucht wird, auch in Form der Anteilhabe des einen am anderen, ist es Anlaß zu tausend Mißverständnissen. Und zum anderen beschreibt Paulus sein eigenes Tun als priesterlich, ohne daß freilich der alttestamentliche oder pagane Ausdruck fällt: In Röm 15,16 sagt er, er walte als Liturg und bringe in priesterlichem Tun die neubekehrten Heiden (!) als Opfer dar. Das ist freilich erkennbar metaphorisch. Paulus will den Heidenchristen in Rom seine Funktion verständlich machen. Denn selbstverständlich lautet seine korrekte Amtsbezeichnung »Apostel«.

Die Ergebnisse unseres kurzen Marsches: Mit dem Hinweis auf das allgemeine Priestertum kann man gegen den katholischen Weihe-Presbyterat nichts ausrichten. »Allgemein Priester« sind alle Getauften, »Weihe-Presbyter« nur manche, durch Weihe. Insofern kann man die Aufgaben nicht zwischen zwei Sorten Priestern aufteilen! Vielmehr meint das »allgemeine Priestertum« nichts anderes als heiliges Volk. – Das allgemeine Priestertum sagt daher nichts über Vollmacht, Verkündigung des Wortes, Absingen von Liedern, aktive Teilhabe am Meßopfer, Beten oder Sakramentenempfang – und was auch immer fromme Autoren (wie schon Luther) damit verbunden haben. Es besagt auch nichts über irgendwelche Rechte von Laien gegenüber dem geweihten Presbyter, bedeutet auch keine »prinzipielle Berechtigung zum Evangeliumsdienst« (Goertz, S. 207). Es meint wirklich nur die kollektive Identität in Abgrenzung nach außen hin.

Man täte daher gut daran, den Hinweis auf das allgemeine Priestertum aus der ökumenischen Diskussion genauso zu entfernen wie aus der Frage der Laienrechte gegenüber den geweihten Presbytern. Denn ich kann niemanden erkennen, der die kollektive Heiligkeit der Christen bestreitet. Denn Amt oder Nicht-Amt, Ordination oder Weihe, lebenslängliche Beauftragung oder Ehrenamt – nichts davon läßt sich herleiten aus dem viel und arg strapazierten allgemeinen Priestertum.

Man kann sagen, das schere einen nicht; der biblische Befund sei weiterentwickelt worden. Das kann man tun, nur ein Teil der Konfusion (seit Luther) rührt eben daher, daß man hier ohne die nötige Klarheit verfährt. Man kann versuchen, das katholische Weihe-Presbyterat aus dem Hohenpriestertum Jesu abzuleiten, und zwar über die Eucharistie. Doch einen Platz in der Theologie des Hebräerbriefes hat das nicht (den Hebr kennt kein Herrenmahl), und wo bleibt das Bischofsamt dabei? Der Neutestamentler darf kein Verbot späterer Theologieversuche aussprechen. Aber er ist es gewohnt, auf Stringenz der Denkangebote zu achten.

Die Sachfrage im Hintergrund – unabhängig von dem oben diskutierten Ausdruck – ist indes: Reicht die Taufe zur Herleitung aller möglichen geistlichen Kompetenzen eines Christenmenschen? Hat die Ordination eine selbständige theologische Begründung gegenüber der Taufe? Oder ist es so, wie H. Goertz im Anschluß an Luther sagt: Priester sind wir alle durch Taufe, Pfarrer aber erst durch Beauftragung? Ist die Ordination eines Getauften nur ein Verwaltungsakt oder hat sie einen heiligen Charakter? Gibt es eine »Ordinationsgabe«, eine »Ordinationsgnade« (Ernst Käsemann)? Diese Frage ist auch unter Lutheranern umstritten, denn auch der Befund bei Luther ist heiß umkämpft. Die »liberale« Linie sieht die Ordination nur als Beauftragung, denn nach Luthers Bild können alle Königskinder regieren, doch nur einer werde beauftragt. Denn sonst kämen sich die Royals gegenseitig in die Quere. Diese Gefahr sieht man als Hauptgrund für eine rein pragmatische und überhaupt nicht »heilige« Berufung.

Eine konservative ältere Linie plädiert für Ordination als eine besondere göttliche Einrichtung. Goertz wie sein Lehrer Härle nehmen mit Gründen an, daß bei Luther zu unterscheiden ist zwischen Diensten göttlicher Stiftung (Confessio Augustana 5), der Beauftragung zur Wortverkündigung (»Berufung«, Confessio Augustana 14) und dem Pfarrerstand (nach Gottes Willen), zu dem aber auch der Küster gehört. Sollte sich diese Sicht der Dreiteilung durchsetzen, so wäre das in der Tat ein ganz anderes Amtsverständnis als das katholische. Das letztere geht aus von einer eigenständigen hierarchisch vermittelten Weihe, die nicht allen Getauften zukommt, sondern die sakramental zusätzlich verliehen wird, etwa im Sinne der Handauflegung nach den Pastoralbriefen. – Wie auch immer, Nüchternheit in diesen Dingen ist allemal heilsam und übrigens schon länger auch mein Anliegen.

10. Wege zur Einheit der Christen? Ein Vorschlag

»Gebt acht, daß in eurer Gemeinde keine Spaltungen entstehen, versucht, einen gemeinsamen Standpunkt zu finden und zu bewahren!« – 1 Kor 1,10-17 zeigt: Spaltungen gab es im Christentum von Anfang an. Der Islam ist vielleicht weniger anfällig, denn er wird durch ein (angeblich) himmlisches Buch, den Koran, zusammengehalten. Das ist im Christentum »differenzierter«, denn die Grundlage der Einheit der Christen ist nicht ein eindeutiges Buch, sondern eine Person, Jesus Christus, in dem uns Gott begegnet. Und er spiegelt sich dann erst in einem Buch, dem Neuen Testament, das aber eben dreizehn unterschiedliche Theologien aufweist. Daß die Basis der Einheit eine Person ist, Jesus Christus, sagt auch Paulus hier: »Ist etwa Christus zerteilt?« Daß eine Person, Gott in Person, die Einheit begründet, ist einerseits der Idealfall. Denn wie ließe sich Einheit unter Menschen besser begründen als durch Liebe, Vertrauen und Gehorsam? Jede Schriftauslegung nimmt sich nur kümmerlich dagegen aus. Andererseits ist eine solche Bindung leicht subjektiv zu verfälschen, wenn der eine dieses für das dem Vertrauen angemessene Denken hält, der andere aber jenes. Denn Jesus kann sich nicht wehren. In den über 150.000 verschiedenen christlichen Glaubensrichtungen ist Jesus bisweilen bis zur Unkenntlichkeit entstellt. Aber wie ist hier Eindeutigkeit der Auslegung und Einheit zu gewinnen, so daß man wirklich mit Paulus sagen kann, »daß ihr alle dasselbe sagt«?

Wie kann aus der Sicht des Neutestamentlers Einheit der Christen erreicht werden? Abhängig ist die Beantwortung dieser Frage von der Zielvorstellung. Paulus hat eine sehr strenge Vorstellung von Einheit. In Gal 1 muß er andere Christen (!), die auch nur implizit das Sakrament der Taufe in Frage stellen, als Anhänger eines anderen Evangeliums mit dem Fluch belegen. Und in Korinth kann er laut K. 1 nicht verschiedene Lehrautoritäten gelten lassen – es müssen also noch nicht einmal perfekte Häresien sein – die die Einheit schon gefährlich aufs Spiel setzen. – Von diesem Befund im Neuen Testament her kann ich nicht bereit sein, eine bestehende Verschiedenheit in christlichen Lehren einfach zu akzeptieren und rein formal-juristisch eine Einheit des Verschiedenen zu dekretieren. Ich halte das für einen unredlichen und letztlich erfolglosen Weg. »Akzeptiert uns so, wie wir sind« ist kein Weg zur Einheit. – Aber wie soll es denn dann gehen? – Das Schwierigste ist das Abbauen von Emotionen, vor allem von solchen, die sich gegen das Papsttum richten. Wie kann man tief sitzende religiöse Emotionen verändern? – Antwort 1: Im gemeinsamen Durchstehen großer Not, schwieriger Zeit, wirklicher Verfolgung, wenn dieses in ein langes gemeinsames Gebet mündet. Ich meine bestimmte Erfahrungen, die mit Leid zusammenhängen. In diesem Sinne ist die Aussage von Papst Johannes Paul II. zu verstehen, daß im Martyrium die Einheit von Christen schon hergestellt sei. Ich meine hier tiefgreifende Erfahrungen. – Antwort 2: Ebenso kann gemeinsames Wahrnehmen von Schönem und Heiligem Einheit vorbereiten helfen, wenn diese dann auch in gemeinsamem Jubel und Dank Ausdruck finden, eine gemeinsame Wallfahrt, heilige Stätten, große Heilige. Denn beides liegt meist außerhalb der festgefügten Grenzen des gewöhnlichen Denkens und der eigenen Gemeinde und führt zur Öffnung für Neues. – Antwort 3: Ich sehe, daß die geistlichen Schätze der Kirche kaum je wahrgenommen werden. Weder im Studium noch später hat ein Theologe gewöhnlich Zeit und genügend Appetit für diese überaus lohnenden Abenteuer übrig. Um ein Beispiel zu nennen: Ich bin dabei, einen Kommentar aus den Gebeten, Segensgebeten und Präfationen der lateinischen Kirche des Mittelalters zum Neuen Testament zu erstellen. Ich möchte darin zeigen, welche immensen Schätze sich auftun, wenn man den Fuß in diese Kammern zu setzen wagt. Was hat das Mittelalter theologisch und geistlich für die Auslegung der Bibel in seiner Frömmigkeit wirklich getan und kann es heute tun? Eine Arbeit, die helfen wird, das Vorurteil über das Mittelalter als Zeit der Dürre zu überwinden.

Wir stehen erst am Anfang eines Prozesses, wir wissen nur in Umrissen, wie sein Ende sein wird. Es kann sich nicht um abstrakte Diskussionen von Themen handeln, die keinen interessieren. Sondern nur um ansteckende Freude in dem Bereich, in dem die Qualität und Faszination von geistlicher Substanz jede Differenz schlicht vergessen läßt. – Und es ist klar: Das Ziel des Prozesses kann nur eine wirkliche Einheit sein.

Antwort 4 : Die Entdeckung von Kirche steht sehr vielen Protestanten und vielen Katholiken noch bevor. Ich meine jetzt nicht Reformen, sondern Kirche als Lebenszusammenhang. Kann man aus 1 Kor 1 etwas dafür lernen? Paulus spricht in dem Absatz 1 Kor 1,11-17 zweimal vom Kreuz. Hat Kirche, hat Einheit der Kirche etwa mit Kreuz etwas zu tun? Vielleicht ist dieses ein übersehener Schlüssel, sich wirklich auf das Kreuz einzulassen. – Einmal in dem Sinne, daß es mit der Kirche schon immer ein Kreuz war. Dem entspricht allerdings, daß Kirche stets nur dann glaubwürdig war, wenn sie selbst »mit dem Rücken zur Wand« stand und verfolgt wurde. In der Verfolgung zeigt sich die Kraft des Glaubens. Und oben in Antwort 1 war auch genau dieses angepeilt.

Sodann bedeutet Kreuz bei Paulus: Umkehren aller Werte, die als gutbürgerlich gelten. Weisheit und Macht, Adel und Reichtum, Wissen und Einfluß – alles dieses gehört zur Realität jeder Volkskirche und muß per se die Einheit blockieren. Der Weg zur Einheit besteht darin, daß Kirche unter dem Kreuz wieder entdeckt wird.

Denn Kreuz bedeutet auch: Das Leiden Jesu Christi, daß Gerechte leiden müssen, setzt sich auch in der Kirche fort. Auch hier haben immer Gerechte leiden müssen, gerade hier. Es ist nicht nur so, daß Jesus für unsere Sünden gestorben ist, auch in der Kirche kann Liebe zu Gott oft bedeuten, daß Liebe weh tut. Wer so mit Jesus an den Menschen in der Kirche leidet, tut dieses aus Liebe zu seinem Herrn. Und dieses Leiden ist nicht unabhängig von Jesu Leiden für die Sünder, sondern es ist Teil davon. Denn es geschieht stellvertretend für alle die in der Kirche, die sich vom Leiden dispensiert fühlen und die oft unwillentlich das Kreuz verraten. Die Kirche hat sich immer nur teilweise unter das Kreuz gestellt. Das macht schon der leidenschaftliche Appell des Apostels Paulus in 1 Kor 1 deutlich.

Denn öfter betreibt man »Ökumene« im Sinne wohlgefütterter, irenisch-angenehmer Tagungen, als Modebewegung einer Wohlstandsgesellschaft und nicht als Kreuzwegandacht. Andernfalls könnte deutlich werden, wie viele Opfer täglich die Trennung der Christenheit kostet. Doch diese Opfer sind nicht sinnlos, sondern gehören in die Erlösung der Welt hinein. Zur Einigung der Christen gehört das Wahrnehmen der Leiden und auch die Bereitschaft, unvollkommene Einheit nicht durch Patentlösungen zu ersetzen. Einheit kommt nicht durch Nachdenken über Kirchenmodelle zustande, sondern in Wahrnehmung und Aneignung der Leiden, die Menschen unter der Spaltung der Christen ausstehen müssen und mußten.

Herr, wir wissen, daß der Weg zur Einheit der Christen über das Kreuz führt, über eine ganz andere Wahrnehmung des Kreuzes mitten in einer Wohlstandsgesellschaft. Über ein Ja zu Geduld und Wachsenlassen, zu vielen kleinen Schritten. Über ein Nein, ein schmerzvolles Nein zu Schnellschüssen aus Profilierungssucht. Über das Erfahren dessen, daß Einheit nicht von satten Menschen erreicht wird, sondern von solchen, die um Hilfe rufen, die aus tiefer Not rufen, die die Not wahrnehmen und die sie auch ertragen wollen, bis du, Herr, das Wunder wirkst.

Einheit der Kirche durch das Leiden Jesu hängt deshalb mit Leiden zusammen, weil sie schmerzvoller Abschied ist von allem, was berühmt macht und wichtig. Ja, an Identität festzuhalten kann auch Leiden bedeuten, ist immer mit Leiden verbunden. Diasporakatholiken haben früher für ihren Glauben reichlich viel ertragen. Wenn nun plötzlich erklärt wird, das sei alles nicht nötig, es könne ja alles viel bequemer sein, wenn man auf das Eigene verzichte, dann weiß ich genau, daß das nicht der Weg sein kann. Die notwendige Widerständigkeit zu zeigen, den Weg auch in Mühen zu bewahren, das war der Weg der DDR-Katholiken. Sie waren damit eine Stärkung auch der Katholiken im Westen.

Einheit der Christen ist eine Frage der Identität. Das Kreuz lehrt uns: Einheit ist nicht eine Frage der Macht. Identität hängt damit zusammen, daß man dafür leidet. Der Weg des Judentums seit dreitausend Jahren zeigt diese Spur, und wie sollte der Weg des Christentums anders sein? Nein, der Weg zur Einheit wird nicht leicht, er verläuft über das Leiden weniger, das sich mit dem Leiden Jesu vermischt.

II. Religion in Deutschland

11. Wie sich die Kirche in Deutschland »knacken« läßt

Die Strategie der »kritischen« Medien: Rebellen und Minderheiten in Szene setzen, um die Einheit zu zerstören – Der Ulmer Katholikentag (2004) als Paradebeispiel

Ich hatte in letzter Zeit wiederholt Gelegenheit, Vertreter von deutschen Printmedien wegen ihrer Berichterstattung über Kirche, speziell die katholische, und kirchliche Themen zu befragen. Die Antworten: Berichtet wird nur über Skandale, Abweichler und Negativtrends. Das Publikum erwartet es so, und zwar aus vier Gründen: Erstens sei die Kirche eine machtvolle kulturelle Institution. Die Berichterstattung versuche, diese Macht zu »knacken« und gehe jedem Haarriß nach, aus dem beim nächsten Frost ein Absprengsel werden könnte. Denn Macht brauche eine kritische Begleitung. Zweitens müsse die Kirche kritisiert werden, weil sie viele Dinge hochhalte, die nicht mehr in die heutige Zeit paßten. Es kamen dann ausschließlich Gesichtspunkte aus dem sexuellen Bereich: Zölibat, Verbot der Verhütung, Verbot des vor- und außerehelichen Verkehrs, Verbot der Scheidung, Verbot des Frauenpriestertums, sexuelle Übergriffe von Priestern, Stellung zur Homosexualität. Drittens: Kirche und Theologie muteten dem Menschen Dinge zu, die voraufklärerisch und vorwissenschaftlich seien, wie zum Beispiel Wunder. Und Viertens: Kirche sei vordemokratisch. Insofern müsse sie bekämpft werden.

Auch das Instrument des Kampfes gegen die Kirche wurde den Besuchern verraten: Es sei das Prinzip »Teile und herrsche«. Man müsse die Kirche nicht von außen her angreifen; wer genau beobachte, stelle fest, daß sie das schon selbst besorgt. Man sehe nur auf die Rebellen, Ketzer und Abweichler, die sie immer wieder selbst produziert und publikumswirksam ächtet. Zu den kirchenzerstörerischen Elementen, die die Kirche selbst produziere, gehöre natürlich besonders die Bibelexegese. Es genüge, zu jedem christlichen Hochfest eine Handvoll Exegeten zu zitieren.

Soweit etliche Auskünfte über die Kirchenberichterstattung durch die »kritischen« Medien.

Die Medien haben spätestens seit den sechziger Jahren des vorigen Jahrhunderts auf den Rebellen-Effekt gesetzt, der auf der Wirkkraft des Subversiven aufbaut. Was mit dem geächteten Teilhard de Chardin begann, setzte sich mit dem Rummel um Hans Küng fort und wurde eine breite Bewegung im Fall Drewermann oder dem des Bischofs Gaillot. Seinen vorletzten Höhepunkt erreichte diese Welle anläßlich des ökumenischen Kirchentages 2003 in Berlin, wo man gleich eine kleine Handvoll priesterlicher Rebellen ausfindig machen und in den Medien gebührend feiern konnte.

STANDPUNKT DER MEDIEN WIRD ZUR MEINUNG DES KIRCHENVOLKS

Dabei geschah es aber nun, daß der Standpunkt der Medien wirklich auch der des Kirchenvolkes wurde, und es läßt sich gerade bei den traditionellen kirchlich Aktiven, etwa den Mitgliedern der Pfarrgemeinderäte, eine vollständige Übernahme dieser Positionen feststellen. Mit dem Ulmer Katholikentag 2004 kam diese Bewegung zu einem Abschluß, weil die Position der Medien nun auch von einigen führenden Bischöfen übernommen wurde. Der Dialog des Kardinals mit Küng war der absolute Höhepunkt des Kirchentages – darin stimmen Freund und Feind überein. Offenbar hat auch weithin der Episkopat nunmehr restlos die Meinung der Medien übernommen: Attraktiv an der Kirche sind nur die Rebellen, am liebsten exkommunizierte und suspendierte Irrlehrer.

Die Positionen Hans Küngs würden wohl gut und gerne weit über die Hälfte der Katholiken unterschreiben – allein schon aus Unkenntnis über ihren Glauben. Und dem Autor gehen noch immer nicht die 130 Priester des Bistums Rottenburg aus dem Kopf, die im Jahre 2003 ihrem Bischof schrieben, daß sie mit Freuden offiziell Abendmahlsgemeinschaft mit den Protestanten praktizierten. 130 priesterliche Rebellen in einer kleinen Diözese – das läßt einem keine ruhige Nacht. Denn hier hat man es mit einer sehr weit fortgeschrittenen Desolidarisierung des Klerus mit der Kirche zu tun. Diese Pfarrer sind der Meinung, daß die Kirche, in der sie tätig sind, in wesentlichen Punkten nicht mehr »ihre Kirche« ist. Wenn Pfarrer von ihrem Bischof sprechen, sagen sie, »bei Hofe« tue man das und das. Der geistliche Zustand der Pfarrer zeigt: Die Kirche betrachtet und behandelt sich mittlerweile selbst so, wie ihre Feinde es tun.

DIE REBELLENVEREHRUNG: EIN DEUTSCHES PHÄNOMEN

Nun gibt es diese absolute und quasi-religiöse Verehrung des Kirchenrebellen – wesentlich mediengestützt! – nur in Deutschland. Bischof Gaillot ist schon als Bischof eine Ausnahme. Und der schweizerische Katholizismus ist offenbar so weit erlahmt, daß es noch nicht einmal mehr zum Hervorbringen eines Rebellen reicht. Auch die südamerikanischen Befreiungstheologen hatten in ihren Ländern selbst nicht die überwältigende Akzeptanz wie deutsche Kirchenrebellen – nur in Deutschland hatten sie das. Auch bei Protestanten gibt es dieses Phänomen eher selten: Gerd Lüdemann (Theologische Fakultät Göttingen) war weit und breit der einzige seit dem unglücklichen Pfarrer Paul Schulz in den siebziger Jahren. Aber auch im Fall Lüdemann waren die Medien von Anfang an die Geburtshelfer und treuen Begleiter. Denn natürlich gibt es den Glaubensbestand von Lüdemann, wenn man nur etwas sucht, hundert- und tausendfach auch sonst in Deutschland.

Bei Deutschen kommt der Kirchenrebell zumindest auch deshalb gut an, weil sie einen chronischen Nachholbedarf an Demokratie zu haben meinen. In der Nazi-Diktatur waren Abweichler tatsächlich geächtet, und zwar von der Mehrheit. Und genauso war es noch in der norddeutschen Provinz, in der der Autor aufgewachsen ist. Katholik oder gar Jude durfte man nicht sein, auch nicht Kriegsdienstverweigerer oder Mitglied einer Freikirche (»Sekte«).

Der Gegenschlag zu dieser Einschätzung von Minderheiten, die in der Tat »erdrückend« war, kam mit der 68er Zeit. Nun schlug das Pendel in die Gegenrichtung aus. Minderheiten, gleich welcher Art, wurden in einem nie gehörten Maß gefördert. Das, wozu die Eltern unter den Nazis weithin keinen Mut gehabt hatten, wollten nun die Kinder zum Beispiel gegenüber dem noch stets intakten System besonders der katholischen Kirche tunlichst nachholen. Jedes abweichlerische Biotop wurde gehegt. Und es ist kein Wunder, daß dieser Kult schließlich dazu führt, daß ein bekannter evangelischer Kirchenhistoriker sich vehement für die ach so schlecht behandelte »Scientology-Kirche« einsetzte. Die extremsten Früchte dieses 68er-Pendelausschlags erfährt man in unseren Tagen. Als Beispiele seien nur so unterschiedliche Dinge genannt wie das Adoptionsrecht für schwule Paare oder eben der Katholikentag in Ulm, auf dem der Vorsitzende der Deutschen Bischofskonferenz freundschaftliches Einverständnis mit einem Mann zeigt, der seit Jahrzehnten blanken Haß gegen den Papst sät.

Man kann zusammenfassen: Das gesellschaftliche Modell der vierziger und fünfziger Jahre des zwanzigsten Jahrhunderts bestand in einmütiger Geschlossenheit, bei der Rebellen keine Chance hatten. Was war man brav! Das Jahr 1968 signalisiert einen Paradigmenwechsel: Die Minderheiten jedweder Art werden gefeiert, die Rebellen haben Hochkonjunktur. Viele sind der Meinung, Christentum gäbe es nur noch außerhalb der Kirche (so etwa der damalige Fernsehstar Ute Ranke-Heinemann). Soziologisch gesehen wandert dieses Modell von der intellektuellen Elite 1968 bis zu den heutigen Pfarrgemeinderäten, Laientheologen, Gemeindepfarrern und in einen Teil des Episkopats.

Weitere Gründe, weshalb der Kirchenrebell noch immer Konjunktur hat: Ein auch nur in Deutschland einmaliges Mißtrauen gegen die Megagruppe, also gegen Vereine, gegen die Volkspartei und gegen die Kirche. Das ist freilich eine mangelhafte Optik, der Blick auf das große Ganze, auf die Weltkirche ist hier nicht gefragt. In der Tat: Man ist auf dem Weg zur kleindeutschen Nationalkirche.

ÄHNLICHES KENNT MAN AUS DER REFORMATIONSGESCHICHTE

Ein Beispiel für das Mißtrauen gegen »die Firma«: Noch immer währt der theologische Erfolg des jüdischen Journalisten Pinchas Lapide, seiner Vorträge und seiner Bücher. Er war der Trost der Pfarrer, die sich sonntags mit fünf bis acht Kirchenbesuchern begnügen mußten. Pinchas Lapide bescherte ihnen sechshundert Leute, endlich einmal eine volle Kirche! Ich habe mich mit Herrn Lapide stets und neidlos gut verstanden, muß aber sagen, daß ich seine biblischen Einsichten zu neunzig Prozent für grundverkehrt halte. Sie folgten dem alten aufklärerischen Muster: »Die Kirche hat bisher immer falsch übersetzt. Laßt euch von mir endlich sagen, was da wirklich steht!« Und man genoß die späte, vermeintliche Aufklärung.

Nein, dem eigenen Pfarrer konnte man nicht glauben, und auch vom Theologieprofessor meinte man (zu Unrecht), er werde von der Kirche bezahlt und sei deshalb (!) nicht glaubwürdig. Wie oft habe ich das erlebt: »Sie werden doch von den Bischöfen bezahlt!« Vom System »Kirche« meint man zudem, daß es nicht »lieb« genug sei, sich nicht um einen kümmere. Nun ja, Hausbesuche galten lange als »out«. Daran hat man sich gewöhnt. Aber wer meint, nicht mehr dazu zu gehören, genau der findet sich nur noch im Rebellen wieder und nicht im Typ des gläubigen Katholiken. Viele haben das Gefühl, auf der Schwelle zu stehen. Darauf müßte Seelsorge reagieren, zum Beispiel in der Weise, daß Pfarrer mögliche Probleme mit dem Glauben offen benennen – und dann aber auch bitte wieder herausführen!

Die oben genannten Gespräche mit Medienvertretern machten auch klar: Die katholische Kirche, bei der noch immer vier Millionen Menschen den Sonntagsgottesdienst besuchen, gilt als Rivalin der Medien im öffentlichen Raum. Das Lauern auf zersetzende Tendenzen hat daher auch Gründe im Bereich des Machtinstinkts. Ähnliches kennt man aus der Reformationsgeschichte: Wie begierig haben die Landesfürsten den Streit um Luther aufgegriffen, um endlich ihren Traum in Erfüllung gehen zu lassen, die Kirche zu beherrschen. Insofern war der Besuch beim »Spiegel« wie ein Horchen auf die Herztöne des Gegners.

Ein letzter, nicht unwesentlicher Punkt ist das sattsam zu Tode gerittene Prinzip »Die Kirche muß sich reformieren«. Aus den ehedem engagierten katholischen Laien hat man einen Ameisenhaufen von Möchtegern-Kirchenreformern gemacht. Jeder überschüttet einen gerne mit Dutzenden von Forderungen, von denen keine einzige neu zu sein pflegt. Das Rebellentum ist zur volkskirchlichen Strömung geworden und ist damit kurz vor der Selbstaufhebung.

Das seelsorgerliche Problem ist damit freilich noch nicht gelöst. Oft habe ich nach einer Tagung oder einem Vortrag das Gefühl: Mit jedem dieser »armen« (aber sich kompetent fühlenden) verwirrten Laien müßte man vier Stunden lang im Wald spazieren gehen und eine halbe Stunde lang beten, um seinen Kopf und sein Herz wieder zurechtzurücken.

Mit dem Ulmer Katholikentag 2004 ist der Pendelausschlag der 68er-Generation zur äußersten Amplitude gelangt. Freilich vermag ich von positiven Zielen außer einer konsequenten Emanzipation von allem und auch von allen Werten nichts zu erkennen. War das Ganze ein Spiel um seiner selbst willen, das nur bei den Berufsabweichlern zu tragikomischer bitterer Ironie geronnen ist? Aber noch ist das Rebellentum ein großes Gesellschaftsspiel, bei dem man allerdings eine ganze Kultur ernsthaft aufs Spiel setzt. Aber so ist das unter Menschen.

Doch daß heutzutage der Kirchentreue, ohne daß er es wollte (das unterscheidet ihn von den Berufsrebellen), der eigentliche Außenseiter geworden ist, zeigt, daß das System längst gekippt ist. In der deutschen Theologie zählen nur noch die Exkatholiken. Aber fällt es denn niemandem auf, wie muffig spießbürgerlich etwa die sexuellen Einwände vieler Medien-Vertreter gegen die Kirche sind – vielleicht ein getreues Abbild des Beichtunterrichts von 1920 mit seiner Überbetonung des sechsten Gebots?

Es ist wiederholt beobachtet worden, wie abgestanden die Themen des Ulmer Katholikentages waren. Und auch die Rebellen sind alle zwischen 63 und 83 Jahren alt. Es war die Welt von gestern. Eben weil es 68er-Mentalität bis zum letzten Ausschlag war. Ohne Verständnis dafür, daß die Kirche nicht nur zum Wohlfühlen ist, sondern eine anspruchsvolle Lehrerin. Als sehr konkreter Appell ergibt sich aus dieser Lage: Bisher haben wir stets die Einheit der katholischen Kirche als Gegebenheit hingenommen. Wir haben diese Einheit nach Kräften verschleudert und einen orientierungslosen Haufen von Rebellen gezüchtet. Das ist so geworden, weil die »kritischen« Medien auf Spaltung setzen und weil sehr viele Pfarrer völlig orientierungslos »modern« sind und ihre Unkenntnis an die Gemeinden weitergegeben haben. Niemand sollte über den erbärmlichen Zustand der Vorbereitung auf die Erstkommunion klagen, der von beherzten Müttern geleistet wird, wenn er das theologische Gestrüpp im Inneren von manchen Pfarrern kennen gelernt hat.

WAS IN DIE ZUKUNFT WEIST: DIE EINHEIT ALS AUFGABE

Dieses wird helfen: Die Einheit der Kirche nicht mehr als fraglos gegeben hinzunehmen (und darauf herumzutrampeln), sondern eben diese Einheit als konkrete vordringliche Aufgabe anzusehen. Und gerade damit stünden wir Jesus und Paulus ganz nahe: Alle Menschen lieben, vornehmlich aber die, die zur Familie des eigenen Glaubens gehören (Gal 6,10), und mit ihnen Einheit zu leben. Und auch dies: Der mit seinem Glauben und seiner Kirche zerfallene Berufsrebell hat ein kirchliches Gegenbild: den Heiligen. Von daher können wir die Leidenschaft des Papstes zu Heilig- und Seligsprechungen neu begreifen.

Schließlich aber: Von einer erneuerten katholischen Theologie in Deutschland, die die Attribute »katholisch« und »Theologie« verdient hätte, kann man nur im Futur reden und das heißt: Man kann nur hoffen und beten. Sie kann nur auf einer erneuerten Spiritualität aufruhen, zum Beispiel der monastischen und liturgischen.

12. Seichte Aufklärung contra realistische Frömmigkeit

»O Haupt voll Blut und Wunden, voll Schmerz und voller Hohn, o Haupt, zum Spott gebunden mit einer Dornenkron ..., gegrüßet seist du mir!« Dieses Lied ist zum Inbegriff realistisch vorgestellter Pein des Gekreuzigten geworden. Nichts fehlt: Das »bespeite« Angesicht, die geschlagenen, zerstörten Augen, die Leichenblässe der Wangen, Todesschmerzen und Todesstoß. Als Paul Gerhardt 1656 so dichtete, stand er mitten in einer vierhundertjährigen Tradition abendländischer Frömmigkeit. Sein Lied ist eine Übertragung des Hymnus »Salve caput cruentatum, totum spinis coronatum« (»Sei gegrüßt, du blutig geschundenes Haupt, ganz mit Dornen bekrönt«) des Arnulf von Löwen (vor 1250). – Die große Wende zu dieser Frömmigkeit hatte im ganzen Westen bereits das 12. Jahrhundert gebracht. Die frühen Zisterzienser, unter ihnen vor allem Bernhard von

Clairvaux (gest. 1153) stellten das Menschsein Jesu Christi in den Mittelpunkt kontemplativer Frömmigkeit. Einerseits wurde Jesus als kleines Kind für die fromme Betrachtung entdeckt, und letztlich entsprang aus diesem »Fund« die Krippenfrömmigkeit. Im 15. Jahrhundert wird im Liederbuch der Wienhäuser Zisterzienserinnen Josef geschildert, der zum Windelnwaschen für das Jesuskind Holz kleinmachen und Wasser kochen muß.

Daneben aber wurde von Anfang an das Leiden Jesu betrachtet – neben Jesu Kindheit der andere Lebensabschnitt, in dem Jesus vor allem passiv, nicht als Prediger oder Wundertäter in Erscheinung tritt. Kindheit wie Passion waren eng mit Maria verbunden. Sie stand unter dem Kreuz, und ihr wurde nach außerbiblischer Überlieferung der tote Jesus in den Schoß gelegt (Pietà). Es war nicht mehr die byzantinische Hoheit des göttlichen Logos, die die Bilder von Jesus beherrschte, auch nicht der König der deutschen Romanik, in der selbst der Gekreuzigte als segnender Herr, aber nicht als Leidender erscheint. Selbst das am Kreuz vergossene Blut wird in den alten Hymnen noch als Königspurpur gedeutet, die Kreuzigung als Einzug der Fahnen des Königs und Siegers. Doch jetzt nahm man die Menschwerdung Gottes ernst, und zwar mit steigender Radikalität. Diese Bewegung fand erst in der Blut- und Wundenfrömmigkeit des Grafen Zinzendorf (1700-1769) einen gewissen Abschluß. Sie lebt bescheiden fort in der theologischen Hochschätzung des leidenden Gottesknechts von Jesaja 53 im Neupietismus des 19. und 20. Jahrhunderts. So ist es kein Zufall, daß das Evangelische Gesangbuch bei Nr. 85 ein längeres Zitat aus Jesaja 53 unter das Lied »O Haupt voll Blut und Wunden« setzt.

Für die Passion entwickeln sich verschiedene Themen, deren gemeinsames Merkmal ein krasser Leidensrealismus ist. Dazu gehören neben der Pietà die Kreuzwegstationen, die Darstellung des Schmerzensmannes (»Ecce homo«), das Schweißtuch der Veronika, der Abschied Jesu von seiner Mutter auf dem Weg zum Kreuz, der Bildtypus »Christus in der Kelter«, bei dem mit der Darstellung von Blut nicht gespart wird, die Nachbildungen des heiligen Grabes. Im Zeitalter des Barock tritt hinzu die fast surrealistische Abbildung der einzelnen Leidens- und Marterinstrumente. Übrigens blieb Jesus damit nicht allein, auch das Martyrologium Romanum, das noch vor 40 Jahren zu Beginn des Mittagessens in theologischen Seminaren verlesen wurde, schilderte für jeden Märtyrer detailliert die Art der Hinrichtung, was freilich nur der des Lateinischen Kundige mitbekam.

Die Darstellung des Gekreuzigten wandelte sich, bis man in der Spätgotik auf echte Haare und naturechte Dornenkronen nicht verzichten konnte und – dem erwachenden humanistischen Interesse folgend – die Kreuzesinschrift auf Lateinisch, Griechisch und Hebräisch nachbildete – sicher nicht, ohne beim Rabbi um die Ecke nachzufragen. Auch die massenhafte Erfahrung bitterer Seuchen und Krankheiten schlug sich in den Kreuzesdarstellungen nieder: Zur Zeit der Pest, des schwarzen Todes, bildete sich der Bildtypus der Pestkreuze heraus, die Jesus als Pestkranken im Endstadium zeichnen. Der Orden der Antoniter, der sich exklusiv der Therapie der Menschen mit verfaulenden Gliedmaßen infolge Mutterkornvergiftung widmete, gab den Isenheimer Altar in Auftrag. Nach der Hausordnung der Antoniter gehörte eine tägliche Betrachtung gerade dieses so unüberbietbar entsetzlich Gekreuzigten in die Regeln der Therapie.

An anschaulichen Bildern des Schreckens in nächster Nähe mangelte es also diesen Zeiten nicht. Trotzdem muß sich Erhebliches verändert haben, wenn heutzutage die leitenden Bischöfe der großen Volkskirchen in Deutschland vor der realistischen Nachbildung des Leidens Jesu – und eben nicht nur vor der Gefahr des Antisemitismus – warnen. Was ist geschehen? Was wird hier nicht mehr verstanden? Wir fragen: Was kann man über die Absichten der realistisch orientierten Leidensfrömmigkeit – aus den Quellen selbst – ermitteln oder mutmaßen? Die Motive sind einzeln zu nennen und kritisch auf ihren Tageswert zu befragen.

Passio wird zur compassio, Leiden zum Mitleiden und zum Mitleid. Im Hymnus »Stabat mater« (»Christi Mutter stand mit Schmerzen . . .«; 13. Jh.) richtet sich der Beter an Maria, die unter dem Kreuz steht: »Laß mich dich, Maria, bitten, daß die Qual, die er erlitten, tief sich prägt in meinen Sinn, daß für deinen Sohn bescheiden, auserwählt für mich zu leiden, ich ein Mit-Leidender bin . . . . Mit dir bei dem Kreuze stehen, mit dir durch den Jammer gehen, teilen will ich deine Not . . . Laß mich Jesu Tod beklagen, seine Leiden mit ihm tragen« (Übers. C. Nord). Dieses Mitleiden rührt aus dem »contemplari«, dem Betrachten. Bei Heinrich Seuse (Büchlein der ewigen Weisheit, 1334) sagt Maria dem Andächtigen: »Ich nahm mein zartes Kind auf meinen Schoß und sah es an – da war es tot; ich schaute es wieder und wieder an, da war weder Bewußtsein noch Stimme. Siehe, da erstarb mein Herze ...« Das Betrachten des Leidenden ist alles andere als theoretische Distanz, sondern führt zur direkten Anteilnahme am Leiden. Indem das Betrachten Mitleiden weckt, bleibt ein Stück des antiken (und auch biblischen) Konzeptes vom Bild erhalten, denn es nimmt in die Sache selbst hinein.

Daraus aber erwächst beim Betrachten des Leidens Jesu die Grundhaltung, auch das Leiden anderer Menschen aktiv zu teilen. Nicht zufällig werden im 13. Jahrhundert christliche Hospitäler als Orte des Leidens und als Ausdruck des Mitleidens gestiftet. Und noch in der Gegenwart kann der Theologe Johann B. Metz seine Theologie auf der compassio gründen, auf einer universalen Sensibilität für das Leiden anderer.

Das zweite Thema der schonungslosen Konfrontation mit Blut und Wunden ist die Schuld. Auch zu diesem Punkt Paul Gerhardt: »Nun, was du Herr, erduldet, ist alles meine Last; ich hab es selbst verschuldet, was du getragen hast. Schau her, hier steht ich Armer, der Zorn verdienet hat. Gib mir, o mein Erbarmer, den Anblick deiner Gnad.« Was Menschen anrichten, hat ernsthafte Konsequenzen, die Zerstörung des Menschen. Das kann man nicht deutlich genug sagen. Wer den, der daran erinnert, der Gewalttätigkeit bezichtigt, verwechselt Opfer und Täter. Das Stabat Mater sagt dazu: »Du Maria, reine, klare, keine Bitterkeit bewahre, weil ich dir den Sohn doch nahm.« Das Leiden des Gekreuzigten ist eine Predigt über die Folgen unserer Ungerechtigkeit.

Zwei Dinge also sagt das Kreuz: Wer wir sind und wer Gott ist. Es sagt, wer wir Menschen sind, daß wir andere ans Kreuz bringen und selbst oft Opfer sind. Und es sagt, wer Gott ist, weil er angesichts des Hasses der Römer, der sich in diesem Mord äußert, uns als seine Feinde erst recht liebt. Gott läßt das Dokument des Hasses zum Zeichen der Vergebung werden. Genau dieses ist der Ort, vom Opfer zu reden. So redet in einem Andachtsgebet des 11. Jahrhunderts (Johannes von Fécamp), der Beter Gott an: »Siehe den ausgestreckten Körper deines geliebten Sohnes, seine schuldlosen Hände, gerötet von dem Blut seiner Barmherzigkeit, und vergib, besänftigt, die Missetaten, die meine Hände vollbracht haben.«

Die Schlüsselfrage aber ist: Was hat die Betrachtung des grausamen Leidens mit der zentralen Botschaft der Liebe zu tun? Ist diese paulinische Auffassung des Zusammenhangs von Liebe Gottes und Leiden Jesu ganz in Vergessenheit geraten? – Jesus hat uns gesagt, daß Gott uns will – das ist das Evangelium. Er hat dieses getan, obwohl die Menschen mit steigendem Haß gegen ihn reagierten. Er hat sich nicht irritieren lassen. Er blieb der Liebe Gottes gehorsam als der Sohn, den Gott gesandt hat, obwohl das Leiden bedeutete. Er blieb der Liebe zu den Menschen treu, obwohl sich diese immer aggressiver zeigten. Er wurde ein Opfer seiner Liebe zu uns Undankbaren. Gott Vater hat dann gesagt: »Weil du die Menschen so liebst, sehe ich meine Liebe zu den Menschen bestätigt. Ja, diesen Menschen muß geholfen werden. Nun bist du zu mir erhöht. Und als Erhöhter trittst du vor mich als Abgesandter der Menschen, der um Versöhnung bittet. Du wurdest nun erhöht und stehst vor mir als ihr Anwalt. Du kannst auch jetzt nicht von dieser Liebe lassen. Weil eben dieses das Evangelium ist: Die Feinde lieben und dadurch die Welt verändern. Daran erkenne ich erneut, daß du mein Sohn bist. Denn diese Liebe ist göttlich.«

Weil der Realismus das Herz ergreift, hebt er den trennenden Abstand zwischen Leiden und Betrachter auf und beginnt, den Betrachter zu verwandeln. Das ist ein radikaler und nicht gemütlicher Weg. Deshalb paßt dieser Weg auch in die Radikalität der frühen Zisterzienser. Daß man auch diese Radikalität mißbrauchen oder verkitschen kann, muß nicht eigens gesagt werden. Es ist bekannt, daß die Ergriffenheit vom Leiden des Herrn nicht nur Mitleid und Trost hervorbringen konnte, sondern auch in aggressive Suche nach den »Schuldigen«, den Juden, umschlagen konnte. Aber welches erhabene Gefühl ist vor dem Umkippen gefeit? Dann müßte man auch die Lektüre der Evangelien verbieten.

Leidende Menschen können sich im Gegeißelten und Gekreuzigten wiedererkennen. Seit Jesus gilt nämlich: Der Kranke oder Leidende, der Geschundene und zu Unrecht Verurteilte ist nicht allein und nicht von Gott gestraft. Weil der geschundene Jesus sich jedem solcher Menschen gemein gemacht hat, ist der, der entsetzlich leidet, nicht gottlos. Diese christliche Deutung von Leiden, Mißhandlung und Todesangst ist eine wahre Revolution in der Auffassung der Menschen von der Nachtseite des Lebens, vorbereitet durch die Zukunftsvision von Jesaja 53. Der Geschundene ist seither nicht mehr allein, der Kranke ist eben nicht von Gott gestraft. Damit keiner das Gefühl hat, sein Leiden sei doch noch schlimmer, muß das Leiden Jesu mit aller realistischen Grausamkeit dargestellt werden, eben wie im Isenheimer Altar. Und in der Tat war die Strafe der Kreuzigung auch für die antike Welt von unvorstellbarer Grausamkeit. Das einmal zu sehen und zu betrachten, sich »vor Augen zu führen«, ist ein Heilmittel gegen die abstrakten Worthülsen von der »Kreuzestheologie«. Wie oft ist Theologie zum bargeldlosen Zahlungsverkehr geworden!

Auffallend ist, daß es in der Geschichte dieser Frömmigkeit zwei Stränge gibt, von denen je einer besonders betont wird: Die eine Richtung steht auf Wort, Lied und meditativem Text und wird selten in der Kunst umgesetzt. Die andere Richtung äußert sich primär in der bildenden Kunst und selten in Texten, wie etwa »Christus in der Kelter«, das »Schweißtuch der Veronika« oder das »Ecce homo«. Das Lied »O Haupt voll Blut und Wunden« hat keine zeitgenössische künstlerische Entsprechung. Denn die Kreuze der Spätgotik waren um 1656 schon zweihundert Jahre alt. Zinzendorfs Mystik des »purpurroten Blutwürmeleins« hat keine Entsprechung in der Kunst. Wir entnehmen dieser Zweisträngigkeit, die bis heute andauert, daß man jedes einzelne Medium für dieses Thema bis zum letzten ausreizte, aber vor einer Doppelung behutsam und fast scheu zurückschreckte.

13. Eine deutsche Hinsicht auf das Papsttum an der Wende zum 3. Jahrtausend

Die Welt hält den Atem an, wenn der Papst auch nur hustet. Das war bei Pius XII. nicht anders als bei Johannes XXIII. und bei Johannes Paul II. Die Welt blickt auf den Papst. Alle übrigen Staatsmänner und verbliebenen Monarchen wirkten stets nur wie dritte Wahl und waren seltsam blaß und schemenhaft angesichts der ausnahmslos hervorragenden Päpste, die der Kirche im 20. Jahrhundert geschenkt wurden; denn zu den genannten kommen noch hinzu Leo XIII. in seinen letzten Jahren, Pius X. und Paul VI. Sie haben das Papsttum insgesamt zu einer Höhe des Ansehens geführt, die es in seiner Geschichte vielleicht unter Gregor dem Großen († 604), sonst aber nur selten hatte. – Gewiß, am Papsttum scheiden sich die Geister. Unvergessen ist der Aufschrei deutscher evangelischer Landesbischöfe vor etlichen Monaten: »Papst? Nie!« Der Lutherfilm, den man vor zwei Jahren sah, stellte den Papst dar als orientalischen Götzen, erstarrt in autoritärer Sinnlichkeit und in ästhetischem Nihilismus. Ist der Papst der letzte absolute Monarch? Nun, ich finde, jeder deutsche Universitätsprofessor ist ein Sonnenkönig angesichts der Zwänge, denen jeder Papst ausgesetzt ist, besonders seitens der Vatikanbürokratie. – Die meisten Nicht-Katholiken reagieren auf das Stichwort Papst mit einer Mischung aus ohnmächtigem Neid und antiautoritärer Abscheu.

War es nur das: Ein gebrechlicher, todkranker alter Mann mit polnischer Marienfrömmigkeit und seltsamer Sexualmoral? Das alles genügt wohl nicht, um den Atem anzuhalten. Es genügt auch nicht zur Erklärung, weshalb alle Mächtigen, vom Präsidenten der USA bis zum Ratsvorsitzenden Wolfgang Huber, von Fidel Castro bis Angela Merkel sich danach drängeln, beim Papst zur Audienz zugelassen zu werden, besonders kurz vor Wahlen.

Gewiß kann man sagen, das Thema »der Papst und die Medien« sei stets besonders glücklich gewesen. Wer hätte die asketische Gestalt und die großen, klugen Augen Pius XII. ohne die Schwarzweiß-Photographie der 50er Jahre je wahrnehmen können? Was wäre der gegenwärtige Papst ohne das Fernsehen? Aber alle Sinnlichkeit der katholischen Religion zusammen erklärt noch nicht, weshalb die Bilder immer wieder den einen zeigen. Und ohne Masse wäre auch nichts da zum Fotografieren – nicht die glühende Frömmigkeit Pius X., die überragende Intelligenz Pius XII., die impulsive Weisheit Johannes XXIII., die pastorale Klugheit Pauls VI., die sehnsuchtsvolle Kühnheit des gegenwärtigen Papstes.

Was ist dieses Mehr, was ist das Geheimnis dieses Amtes, der einzigen Institution, die seit zweitausend Jahren Bestand hat? Die nackte Macht kann es nicht sein, denn die wäre zu schillernd und hat umgehend, wenn Päpste ihrer Eigengesetzlichkeit erlagen, die Kirche Unsägliches gekostet.

»Sklave der Sklaven Gottes« – ich meine, an den Päpsten des 20. Jahrhunderts viel davon zu erkennen. Denn der Oberste ist in Wahrheit der Letzte: Er muß unwiderruflich einstehen für das, was er sagt. Auf kein Gremium kann er irgend etwas abschieben. Er allein ist gefragt, ob er das darstellt und liebt, was er verkündet, einsam, in letzter, unaufschiebbarer Verantwortung. Für die Gegner ist Papst nur der exotischste Beruf – aus meiner Sicht aber wird von jedem Papst nur das eine, ganz Schlichte gefordert: Als Mensch und im ganzen nur das auszustrahlen, was er sagt. Denn wenn das Salz seine Kraft verliert, womit soll es dann selbst gesalzen werden? Also dieses zuerst: Mit sich selbst eins zu sein. Nach meiner Erfahrung wird man dazu nur durch ein – je nach Biographie verschieden ausgeprägtes – gerütteltes Maß an Leiden. Auch dafür steht Johannes Paul II.

Auch das gehört zu diesem Beruf: Als der eine für die Einheit der Kirche einzustehen. Nicht ein Gremium mit wechselnden Abstimmungsmehrheiten steht für das Ganze, sondern der eine. Denn dieses ist die Mitte der Botschaft, daß Menschen eins sind, und wenn dieses die Kirche nicht in sich selbst darstellt und weiterreichen will und kann, ist sie verloren. In den großen Audienzen erlebt man es genauso wie in den Oster- und Weihnachtsgrüßen, die der Papst jeweils in Dutzenden von Sprachen formuliert: Für den Eskimo ist der Nachfolger Petri genauso der eine Papst wie für den Indio und die rasch wachsenden Bistümer Südasiens. Den Kulturkampf unter Bismarck kann man auch verstehen als erbitterter Ansturm des Nationalstaates gegen den katholischen Internationalismus. Wer »ultramontan« war, galt nicht als guter Deutscher, und das war eben nur noch unausdenklich schrecklich. Der Papst war und ist ein wirksamer Garant in der Überwindung jedes Nationalismus.

Einheit mit sich selbst, Einheit der Welt und Einheit der Kirche hängen eng miteinander zusammen. Alle großen Päpste des 20. Jahrhunderts seit Pius XII. haben aus diesem Grund die Einheit aller Christen herbeigesehnt, nicht nur Johannes Paul II. Sie haben es bis zur Selbstverleugnung getan. Und nicht nur dieser Papst hat gesagt: »Ich bin wohl das hauptsächliche Hindernis für die Einheit der Christen.« Kein Papst wird das ironisch oder trotzig meinen, alle vielmehr in einer glaubwürdigen Mischung aus Realismus und Demut.

Auch dies gehört zum Allgemeinwissen: der Papst lebt, um bis zur letzten Faser hin alles Gott zu geben, deshalb hat es für keinen Papst je einen »wohlverdienten Ruhestand« gegeben. Es ist schon ein Sklavendasein, wenn alles bis zum letzten Atemzug Gott gehört. Nicht als ob das nicht auch andere täten – jede evangelische Diakonisse tut es auch. – Beim Papst gehört die Lebenslänglichkeit zum Beruf dazu. Denn es gibt keine Trennung von privat und dienstlich, bis hin zur Sterbestunde, in der er mit dem greisen Simeon sagen kann: »Nun entläßt du Herr deinen Sklaven in Frieden . . .« Insofern hat der Papst einen radikalen Beruf, denn er hat nicht nur ein gläsernes Pfarrhaus, wie man es von guten Pfarrern erwartet, er selbst ist wie ein gläserner Mensch.

Glücklicherweise ist dieses Experiment des Herrgotts im 20. Jahrhundert bei jedem Papst gelungen. Was übrigens nicht moralische Perfektion bedeutet, nicht Sündlosigkeit oder makellose, langweilige Fehlerfreiheit. Sondern was Autorität begründet, wenn – wie bei Johannes Paul II. – eine große und kompromißlose Liebe erkennbar wird. Auch dieses gilt eigentlich für alle Christen: Wer liebt, was er glaubt, kann Christentum weitergeben. Das ist ganz wenig und ganz einfach und alles andere als moralischer Hochleistungssport.

Aber so ist jeder Papst dieses Jahrhunderts Weltgewissen gewesen. Die berühmte Frage: »Ihr kümmert euch um Gott, wo bleibt der Mensch?« haben alle diese Päpste so beantwortet: Die Konsequenz unserer Anbetung Gottes ist die bedingungslose Liebe zu allen Menschen. Nicht zuletzt die päpstlichen Rundschreiben zur Soziallehre mit der Konsequenz dessen, was man in Deutschland Herz-Jesu-Sozialismus nannte, waren Ausdruck dieser Orientierung.

Noch wir hatten auf dem protestantisch-humanistisch geprägten Gymnasium gelernt, das sei eben das Schlimme am Papsttum, daß sich die Päpste immer wieder in Politik einmischten. Religion müsse Religion bleiben, nämlich eine Sache des Herzens und der Gesinnung, nicht der Politik. Es kennzeichnet den Wandel im öffentlichen Bewußtsein während der letzten fünfzig Jahre, daß man heute hier rundum anders denkt: Man erwartet geradezu von der Kirche, daß sie Stellung bezieht und selbst Friedensarbeit betreibt. – Ähnlich, wenn auch verzögert, ist es mit dem öffentlichen Urteil über Kirche und Medien: Vor vierzig Jahren sagte man: Wer betet, soll das im stillen Kämmerlein tun oder höchstens in der Kirche. Und einen Papst darf man nicht beim Beten fotografieren und im Fernsehen senden. Und einen Papst, der Mühe hat zu sprechen, schon gar nicht. Nun, seit Willy Brandts Kniefall in Warschau haben sich hier die Maßstäbe verschoben. Und ich finde es wichtig, daß Jugendliche wenigstens beim Papst erleben können, daß man kniend beten kann. Und ein Mensch, der Mühe hat zu sprechen, bleibt ein Mensch in all seiner Würde – was hierzulande eben nicht selbstverständlich ist. Und ich finde es stets bewegend, wenn Wille und Geist, letzten Endes auch große Liebe und Charme über alle Hinfälligkeit triumphieren. Das Schönheitsideal der christlichen Heiligen in der uns vertrauten Kunst waren Menschen, die nicht mit gepflegter Haut, sondern zusammen mit den Werkzeugen, mit denen man sie gemartert und geschunden hat, abgebildet wurden. Denn die Liebe, um die es hier geht, kostet den etwas, der sie will.

Jahrhundertelang hat man sich alle Mühe gegeben zu beweisen, der Papst sei der Antichrist, doch heute glauben das nur noch skurrile Sektierer in Großbritannien. Aus diesen Zeiten ist freilich die Emotionalität geblieben: Papsttum ist das Letzte. Doch es gehört schon eine Menge Energie und Verzweiflung dazu, noch am Beginn des 21. Jahrhunderts an dieser Version festzuhalten – gegen den Augenschein und gegenüber der zu Herzen gehenden Erfahrung der Menschheit mit den vier letzten Päpsten, inklusive Johannes Paul I.

»Wo bleibt der Mensch?« Das Geheimnis der großen Päpste des 20. Jahrhunderts war, daß sie angesichts einer Welt, in der die verbrecherischen Grausamkeiten zu einer Barbarei nie gekannten Ausmaßes wurden, jeder einzelne für sich einen großen, weithin sichtbaren Beitrag zu dem lieferten, was christliches Menschenbild ist. Gegen den wahrhaft barbarischen Geist dieses Jahrhunderts haben sie um das christliche Menschenbild gerungen. Bei jeder passenden und unpassenden Gelegenheit haben sie gesagt, daß Atomwaffen und Gewalt kein Mittel der Politik sind, daß Abtreibung und Euthanasie verboten sind. Krieg ist nicht länger ein erlaubtes Mittel des Handelns. Angesichts der Kriege des 20. Jahrhunderts ist die Wirksamkeit durch die Medien und die Präsenz darin (siehe auch Radio Vaticano) wirklich und wahrhaftig eine friedliche Weise, Einheit der Menschen zu erreichen. Denn eindrücklicher denn je können sie ermahnt und durch Bilder beeindruckt werden. Im Gebrauch der überaus friedlichen Waffe der Medien war das Papsttum Vorreiter – eben deshalb die ungezählten Audienzen und die Pastoralreisen in alle Welt. Präsent zu sein vor Ort, nicht nachzulassen zu rufen, zu schreien in der großen Leidenschaft des Herzens – tut sich da nicht doch etwas?

14. Die Muslime sind längst unter uns
Der Islam und die religiöse Schwäche des Westens

Wenn Christen im Orient von ihrem Gott sprechen, sagen sie *allah*. Dieses arabische Wort ist das Äquivalent zum hebräischen *el(ohim)* und meint zweifellos denselben Gott. Vier Milliarden Menschen, Juden, Christen und Muslime in aller Welt, berufen sich auf Abraham und seine Bekehrung zum einen und einzigen Gott. Angesichts dessen kann man unsere gegenwärtige Art der Auseinandersetzung mit dem Islam nur als stümperhaft bezeichnen. Vor allem ist sie ängstlich. Der unselige Kopftuchstreit hängt ein Detail viel zu hoch, abgesehen davon, daß seine »Lösung« auf Dauer ein christliches Eigentor sein wird. Gerade weil die inneren Motive nicht am äußeren Tuch zu sehen sind, sind Trotzreaktionen der Muslime schon spürbar, und das Stichwort Berufsverbot hat eine unselige Vorgeschichte.

Tatsächlich gibt es eine große Tradition der Auseinandersetzung mit dem Islam. Das Mittelalter hat sie geführt mit Thomas von Aquins *Summe gegen die Heiden*, im 17. Jahrhundert gab es die großartige Koran-Ausgabe des gelehrten Mönchs Ludovico Marraccio mit dem Versuch der »internen Widerlegung«. Zu dieser Auseinandersetzung müssen wir zurückfinden: An Stelle überlieferter Ängstlichkeit und untauglicher Versuche zur abschirmenden Bemutterung sollten die Christen eine klare und offensive Position gegenüber dem Islam gewinnen. Sie wird im Augenblick nur von Ultrarechts her eingenommen und hat oft nicht mehr als Dämonisierung des Islams zum Inhalt. Die Mitte zwischen Verteufelung und blinder Sympathie zu finden ist die Aufgabe. Wenn es gut geht, wird die Auseinandersetzung mit dem Islam auch die Verständigung zwischen den christlichen Konfessionen voranbringen. Ein heillos zerstrittenes Christentum war schon im 8. Jahrhundert die große Chance des Islams.

Das gegenwärtig aufgebaute Szenario der Angst ist die falsche Reaktion. Wenn irgend etwas Indikator für den inneren Zustand unseres Volkes ist, dann die Mechanismen des Verbietens, Nichthinguckens und Nichtwahrhabenwollens. Wir haben über zwei Millionen Muslime im Land. Weggucken gilt nicht. Genau das aber praktizieren wir. Wenn ich Seminare anbiete mit dem Titel: »Bibel und Koran. Eine Klärung«, kommt nahezu kein Student. »Nicht examensrelevant« ist die Antwort. Für welche Wirklichkeit studieren wir eigentlich?

Wir fürchten, islamische Kultur, Geburtenfreudigkeit und Glaubensstärke könnten uns gleich dreifach treffen. Unsere Situation erinnert an die der christlichen Länder Anatolien und Nordafrika im 7. und 8. Jahrhundert, als ein morsches Christentum einfach überrannt wurde. Auch der Schock von 1683 (Türken vor Wien) sitzt noch, besonders den Süddeutschen, in den Knochen. Eine harte Auseinandersetzung um unsere Identität kommt zu uns zurück. Wir können unsere Schwäche beschwören und hinter Verbote und scheinbare Schutzwälle flüchten. Wir werden dadurch nichts aufhalten. Unsere Versuchung ist die Neigung zu Wehleidigkeit und Leidensscheu.

DAS BIBLISCHE ERBE IM KORAN

Wer den Koran als Christ liest, wird zwiespältig reagieren. Einerseits ist die Nähe zu Judentum und Christentum unübersehbar. Auch der Koran sagt, Jesus sei der Messias und habe Gottes Geist; die Auffassungen von Maria sind nahezu identisch. Andererseits scheint das Gemeinsame irgendwie »heillos verdreht«, fremdartig anders zu sein. Dieses Phänomen bei nachchristlichen Religionen gibt es nicht nur im Islam, sondern ähnlich bei Mormonen und Anthroposophen, so verschieden diese unter sich und gegenüber dem Islam sind.

Vielleicht kann man von dem Bemühen um eine christliche Ökumene etwas lernen für analoge Gespräche mit dem Islam. So sollte man dogmatische Streitgespräche vermeiden, denn zu Anfang wie zu Ende wird jeder recht haben wollen. Vielmehr könnte die neuerliche Konfrontation des Christentums mit dem Islam dreierlei Konsequenzen haben: Erstens sollten die Christen ihre eigenen Hausaufgaben machen. Religiöse Unkenntnis, Zerstrittenheit und Kompliziertheit der Dogmatik waren die inneren Gründe, weshalb der Islam sich seinerzeit in christlichen Ländern durchsetzen konnte. Zweitens besteht für Christen durchaus Anlaß, eigenes Gut im Islam zu entdecken und sich wieder anzueignen. Dazu gehört das tägliche wiederholte Gebet der Muslime. Es entstammt dem christlichen Stundengebet; noch immer läuten dreimal am Tag christliche Glocken zum »Engel des Herrn« oder zum Vaterunser. Viele Formen der moralischen Säkularisierung sind für Muslime mit Recht ein Ärgernis. Es ist die Frage, ob auf Dauer die Gleichgültigkeit gegenüber Wertvorstellungen uns selbst gut tut.

Drittens äußert sich der Koran positiv gegenüber Christen im Allgemeinen (»Die Gläubigen stehen den Nazarenern, das heißt den Christen, am freundlichsten gegenüber«, Sure 5, 85) und gegenüber dem Mönchtum im Besonderen. Denn Mönche gelten als »nicht hochmütig« und könnten deshalb eine besondere Brücke zum Islam sein; sie waren es übrigens immer. Das vorislamische Christentum in Arabien war monastisch geprägt.

Ein Bericht aus dem algerischen Zisterzienserkloster in Tibhirine mag verdeutlichen, was das Mönchtum leisten könnte. Das Kloster war 1938 offiziell unter dem Namen »Unsere Liebe Frau vom Atlas« und mit dem Wappenspruch »Ein Zeichen auf den Bergen« gegründet worden. Eindrücklich berichtet der Prior des Klosters, Pater Christian de Chergé, über einen Herbstabend im Jahre 1975 aus der Klosterkapelle. Nach der Komplet hatte er sich vor dem Altar flach auf den Boden gelegt, um zu beten. Da gesellte sich ein muslimischer Gast zu ihm und bat, für ihn zu beten. Sie verweilten bis Mitternacht gemeinsam liegend und betend vor dem Altar. Pater Christian erlebte dies wie eine zweite Berufung: »Unser Gebet hatte zwei Stimmen: das Arabische und das Französische mischen sich, sie erfreuen sich auf geheimnisvolle Weise gegenseitig, sie antworten einander, sie ermächtigen und stützen einander, sie ergänzen und vermählen sich. Der Muslim ruft den Christus an, der Christ unterwirft sich dem Plan Gottes über alle Glaubenden, auch über den einen von ihnen, der der Prophet Mohammed war.«

Von 1979 an trafen sich zweimal im Jahr für drei Tage Muslime und Christen zum Gebet. Von einem der Sufis, der islamischen Mystiker, stammt das Bild: »Wir sind wie eine Leiter, die sich zum Himmel ausstreckt; auf der einen Seite steigen die Muslime zu Gott hinauf, auf der anderen die Christen. Je näher wir Gott kommen, desto näher kommen wir auch einander.«

In der Nacht vom 26. auf den 27. März 1996 wurden sieben Brüder des Klosters entführt. Am 21. Mai wurden sie von muslimischen Terroristen enthauptet. Keiner der Beteiligten hatte seinen Glauben aufgegeben. Weder Synkretismus noch Anerkennung des anderen als »gleich«, was auch immer das heißen könnte, waren beabsichtigt.

Gegenüber diesem geistlichen Weg gibt es wohl keine Alternative. Genannt werden aber immer wieder andere, untaugliche Wege. Der eine setzt auf fortschreitende Säkularisierung des Islams (inklusive einer historischen Koran-Kritik). Wer darauf hofft, sollte jedoch bedenken, daß gerade die westliche Form der Säkularisierung dem Islam große Chancen gibt. Das religiöse Vakuum erlaubt es dem Islam, sich als ernst zu nehmende abrahamitische Alternative zu profilieren. Es gibt die berechtigte muslimische Kritik, das Christentum sei völlig verweltlicht und bete Gott nicht mehr an.

Der zweite untaugliche Weg besteht darin, dem Koran Defizite in der Rezeption des Christentums vorzuwerfen. Exegetisch und historisch läßt sich nachweisen, daß diese Rezeption (inklusive Anbetung Mariens und Leugnung der Kreuzigung Jesu) auf christlichen »Eigenleistungen« beruht. Das heißt: Hier hat das vorislamische Christentum selbst Dinge verunklart. Das christliche Arabien wußte vom neutestamentlichen Kanon nicht mehr viel, es lebte hauptsächlich von den Agrapha (»ungeschriebenen Jesusworten«) und Apokryphen; in seiner Christologie zeigte sich ein archaischer und nicht dogmatisch weiterentwickelter Glaube. Ähnliches gab es bei den arianischen Westgoten; auch dort wurde die Gottheit Jesu Christi nicht akzeptiert.

GOTTVERGESSENES EUROPA

Erst unlängst wurde wieder beachtet, daß in manchen östlichen Kirchen noch nicht der Brauch besteht, während der Messe die Abendmahlsworte der Einsetzung im Neuen Testament zu zitieren. In alter Zeit war es eben noch anders möglich. Ähnlich steht es mit Christologie und Dreifaltigkeit im Koran. Hier gilt im übrigen: »Was uns trennt, wird von uns selbst nicht verstanden.« Man kann und muß daher durchaus die These diskutieren, der Koran repräsentiere eine synkretistische christliche Megahäresie. Dadurch wird die Auseinandersetzung nicht leichter, aber differenzierter und letztlich klarer.

Nicht hilfreich sind Vorwürfe, die nur Fehler widerspiegeln, die Christen selbst jahrhundertelang praktizierten, was die Rolle der Frau anlangt, die Toleranz, insbesondere beim Abfall vom wahren Glauben, die mangelnde Kritik an Obrigkeiten. Wahr ist vielmehr, daß wir uns – mit leichterer oder stärkerer Zeitverschiebung – in Schwächen nichts vorzuwerfen haben. Wer heute mit Recht mangelnde Religionsfreiheit in der Türkei beklagt, sollte nicht die Schicksale österreichischer oder französischer Protestanten oder die Geschichte der Hamburger Katholiken im 18. Jahrhundert vergessen. Das monastische Beispiel zeigt vielmehr, daß – abgesehen vom notwendigen Wissen übereinander – vor allem das Herz und ernsthaft praktizierte Religion die Verwandtschaft zur Geltung bringen kann. Im Entscheidenden sind wir uns nahe; viele Differenzen sind kulturell bedingt.

Es wird nichts helfen, die drei »K« werden für Christen in dieser weltgeschichtlichen Auseinandersetzung notwendig werden: Katechismus, Kultur und Kinderfreundlichkeit. Mit Katechismus meine ich ein klares und verständliches Begreifen des eigenen Glaubens. Das betrifft besonders jene Positionen, die sich vom Islam unterscheiden, nämlich Dreifaltigkeit und Sühnetod Jesu. Wir können es nicht dabei belassen, daß nur der Islam auftritt als die »biblische Religion für die Leute von der Straße«. Ein schlichter, klarer Katechismus, wie wir ihn in der Nachkriegszeit hatten, ist überfällig. Unsere Kultur aber sollte mit traditionsbewußter Gelassenheit auftreten, die darum weiß, daß wir viel, aber eben bei weitem nicht alles dem Islam des Mittelalters verdanken. Die Begegnungen werden oft gerade dadurch erschwert, daß die Gemeinsamkeiten weiter reichen, als wir ahnen. Ich habe aber immer wieder Muslime erlebt, die vor glaubwürdig frommen Christen große Hochachtung hatten. So ist es auch im Koran.

15. Der Glanz der Wahrheit strahlt im Zorn am hellsten
Die päpstliche Enzyklika »Veritatis Splendor« (1993)

»Veritatis splendor« heißt »Glanz der Wahrheit«. Kann Wahrheit schön sein? In der Tradition der katholischen Mystik ist die Schönheit der Wahrheit genau jener Kick, den Menschen nötig haben, auf daß Wahrheit nicht nur recht habe, sondern begeisternd sei, so daß es leicht fällt, sie zu tun.

Die Enzyklika »Veritatis Splendor« ist ein moraltheologisches Lehrschreiben des Papstes an die Bischöfe der katholischen Kirche. Sofort erhob sich jener reflexhafte Protest, der allen Äußerungen des römischen Lehramts auf dem Fuße zu folgen pflegt. Wie immer und wie zuletzt beim neuen Weltkatechismus war von klerikaler Rückständigkeit und Gängelei die Rede. Ich plädiere für eine andere Perspektive, aus der neben der Strenge und Tugendhaftigkeit der Mutter Kirche auch ihr Charme und ihre Schönheit sichtbar werden.

Kein Hauch von Verbitterung über die böse Welt oder vom Pessimismus alternder Männer, wie Hamburger Meinungsmacher es in Nachrufen auf diese Enzyklika meinten. Statt dessen ein munteres Lebenszeichen römischer Theologie, die sich als Fels in der Brandung versteht. Und die gar nicht unbescheiden mit der eigenen Unwandelbarkeit kokettiert. Anders als in vergleichbaren Rundschreiben legt die römische Kirche, diese vitale alte Dame, hier ihre moralischen Leitgrundsätze dar. Das ist sicher gut, damit man weiß, woran man bei ihr ist. Und die Dame meint, dies vor allem den gebildeteren unter ihren eigenen Kindern sagen zu müssen, den Professoren für Moraltheologie insbesondere.

Man sollte, wenn man zu dieser Gruppe Menschen nicht gehört, dennoch nicht in Schadenfreude ausbrechen ob der innerkirchlichen Konflikte, die hier kaum verhüllt sichtbar und streng geregelt werden. Diese Konflikte betreffen, wenn ich recht sehe, in Deutschland fast alle beamteten Lehrer der Theologie. Sie verzehren ihre Kräfte im Kampf gegen Rom, können in der strengen Mutter nur das Biest sehen, und so werden sie auch dieses Rundschreiben einordnen. Dabei übersehen sie oft, daß die ihnen anvertrauten jüngeren und weniger gebildeten Geschwister, das gläubige Volk also, von diesen Konflikten nicht viel verstehen und geistlich fast verhungern. Die Menschen, das ab und an wunderbarerweise noch erhalten gebliebene katholische Volk, wollen und müssen nicht nur Querelen und Klagen gegen Rom hören, sondern Trost und Hilfeleistung für ihre oft ganz anderen Sorgen.

DIE ALTE DAME WIDERSTEHT DEN VERFÜHRERN

Aus diesem Grunde werden wir angesichts dieses Rundschreibens wie folgt verfahren: Daß die alte Dame streng ist, wußten wir schon, und wer kann es ihr verdenken, daß sie ihre Grundsätze, mit denen sie manchem Verführer widerstand, heilig und für ewig hält. Beginnen wir andersherum: Suchen wir nach den Spuren ihres Charmes, nach den Quellen ihrer Kraft.

»Glanz der Wahrheit« ist ein schönes Wort, den Ursprung des Charmes zu beschreiben. Durch und durch realistisch ist daher die Selbsteinschätzung der Verfasser, man dürfe sich nicht dabei aufhalten, über Irrtümer und Gefahren einiger ethischer Theorien zu belehren, sondern: »Wir müssen vor allem den faszinierenden Glanz jener Wahrheit aufzeigen, die Jesus Christus selber ist.« Und über diesen Glanz fallen eindrucksvolle Worte, die leitmotivisch dieses Schreiben durchziehen. Dabei werden immer wieder Auslegungen von Psalm 4,7 zitiert, wo es heißt: »Viele sagen: Wer macht uns das Gute sehen?«, was hier als Frage nach dem sittlich Guten verstanden wird, worauf der Psalmist antwortet: »Herr, laß leuchten über uns das Licht deines Antlitzes.«

Verknüpft wird das mit der Auslegung der Worte über den Menschen als Abglanz Gottes, die der Kirchenvater Ambrosius gibt: »Höre also, in welcher Weise du sein Abglanz bist: In meinem Tun ist deine Majestät am wunderbarsten, deine Weisheit wird im Verstand des Menschen gelobt. Während ich mich selbst betrachte, erkenne ich die Geheimnisse deines Wissens. Erkenne dich also selbst, du Mensch, erkenne, wie groß du bist, und wache über dich.« Folgerung: »So ist das stille Leben dazu berufen, Gottes Herrlichkeit widerzuspiegeln.« Und Israel ist dazu berufen, Gottes Herrlichkeit unter allen Völkern erstrahlen zu lassen.

Diese Bild-Theologie bestimmt dann auch andere Äußerungen wie die, daß die Seligpreisungen der Bergpredigt so etwas sind wie Selbstbildnis Christi. Ist das Alte-Männer-Pessimismus oder nicht vielmehr doch selbstbewußter Charme, dessen Trägerin andererseits sehr wohl darum weiß, daß dieser Charme geschenkt ist? Auch in letztgenannter Hinsicht ist das Rundschreiben von reiner Schönheit. Denn nach dem Wortlaut wird der Mensch fähig zur Liebe allein kraft der Gabe, die er empfangen hat: Das Gesetz ist gegeben worden, damit man die Gnade erbitte – die Gnade wurde gegeben, damit man das Gesetz befolge. An Augustinus orientiert sich auch dieses Gebet: Gib, was du gebietest, und gebiete, was du willst.

Doch nun zu den autoritären Seiten der ehrwürdigen Mutter. Biblisch ausgerichtet ist diese Enzyklika zunächst auch in der Lehre vom Gewissen. Es ist völlig richtig, daß das Gewissen nach Paulus lediglich Gottes Gesetz bestätigt und natürlich keine anderen Normen kennt und – so Paulus – sogar kennen kann. Denn in sich selbst ist der Mensch wie ein Mikrokosmos, und das Gewissen hat darin dieselbe Funktion wie die Gebote oder deren Anwälte vor Gottes Thron im Makrokosmos: anklagen, überführen, gegebenenfalls freisprechen – aber auf der Basis ein und derselben Norm. Das Gesetz kann nur eines sein, und es ist Strickmuster der gesamten Schöpfung.

Eigenartigerweise kennt Paulus noch nicht die Auffassung des irregeleiteten Gewissens, die jetzt der alten Mutter Kirche Probleme schafft. Denn wie ist es, wenn moderne Menschen erklären, ein moralisches Urteil sei allein deshalb wahr, weil es dem Gewissen entspringe? Die Enzyklika wendet mit Recht ein, daß das moderne Gewissen nicht Quelle aller Werte sein kann. Denn leider ist eine vorgegebene Harmonie zwischen Gewissen und Gottes Gesetz abhanden gekommen. Paulus konnte wohl deshalb noch von einer solchen stillschweigenden Übereinstimmung ausgehen, weil die Grundsätze stabiler waren und in der Phase der kindlichen und jugendlichen Gewissensbildung in Großfamilie und allseits akzeptierter öffentlicher Moral unbefragt eingesogen wurden. Das ist heute anders, und daher kann man sich tatsächlich nicht einfach auf das Gewissen als die einzige Quelle aller Werte berufen. Häufig ist man daher versucht, aus der Verknüpfung von Gewissensentscheid und menschlicher Würde eine fragwürdige Ideologie zu machen, und man kann damit leicht jeden Autoritätsanspruch, der ungelegen kommt, ausrangieren. Insofern hat die alte Dame recht, wenn sie sagt: Das Gewissen ist auch nicht mehr das, was es früher einmal war.

JEDER WILL FREI SEIN, ABER OHNE VERANTWORTUNG

Größere Probleme bereiten der römischen Mutterwölfin die modernen Humanwissenschaften Psychologie und Soziologie, die alles, auch Normen, für empirisch bedingt erklären, universale menschliche Werte leugnen und alles auf die Umstände abladen, oftmals auch weithin die menschliche Verantwortlichkeit und Freiheit. Präzis wird erkannt, daß sich die kirchliche Morallehre in der Schere befindet zwischen modernen Autonomiebewegungen und universalem Emanzipationsstreben einerseits und andererseits der Neigung, Verantwortlichkeit verschwinden zu lassen. Mit einem der beiden Gedanken läßt sich immer argumentieren, wenn man auf die Mutter nicht hören will. Entweder sagt man: Wieso ich – es sind doch die Verhältnisse so! Oder man sagt: die Kirche läßt uns ja nie!

Es ist zunächst überhaupt ein Zeichen von Vitalität, daß die alte Wölfin so genau registriert, was Romulus und Remus in Gestalt von Psychologie und Soziologie da so treiben. Denn diese Wissenschaften »vom Menschen« bestimmen seit einem halben Jahrhundert alles, was sich progressiv dünkt in der Theologie. Die Bibelwissenschaften hatten es zuerst erfaßt, doch sind wir da mittlerweile, hier und dort jedenfalls, schon »durch«. Die katholische Moraltheologie hat es in Gestalt jeder Art von Psychologie später, doch um so härter erfaßt und sie förmlich zu Boden gezwungen. Was Freund und Jung nicht leisteten, brachte die Statistik. Ich weiß noch genau, was mir ein katholischer Kollege von einem Tag zum anderen erzählte, der in seinem dritten Semester den damals (1963) interessanten Kinsey-Report über menschliches Sexualverhalten las und förmlich aus den Latschen kippte.

In Gestalt dieser Enzyklika rettet sich Mutter Kirche aus diesen höchst aktuellen Verstrickungen so: Sittengesetz und Naturgesetz sind universal und unverändert gültig. Die negativen Gebote des Naturgesetzes (weitgehend den Zehn Geboten gleich) verpflichten alle und jeden allezeit. Die Natur des Menschen transzendiert alle Kulturen. Die Normen sind Ausdruck der Wahrheit Jesu Christi selbst, der »derselbe ist gestern, heute und in Ewigkeit«. Zugegeben wird nur, daß die Kirche die Normen den jeweiligen historischen Umständen entsprechend genauer erfasse. Für alles maßgeblich sind die objektiven Normen.

Nun, das ist Roma aeterna, römischer Imperialton und wäre im Munde von hermeneutisch vorgebildeten Historikern nicht denkbar. Doch beansprucht die alte Dame solches hermeneutische Historikertum wohl auch nicht für sich. Wenn sie sagt »ewig«, dann meint sie »Einheit der Kirche«, wenn sie sagt »zeitlos«, meint sie, daß man in puncto Moral nicht heute dies und morgen jenes sagen darf. Wie, das ist die hier entscheidende Frage, wie regiert man die Völker? Denn um ein Problem der Herrschaft geht es, Seelsorge gibt es anderswo. Herrschaft dient der notwendigen Einheit, was bei einem Sack voll Flöhe, wie ihn die Menschheit darstellt, recht schwierig ist. Seelsorgern, besonders solchen in Kliniken, und engagierten kirchlichen Therapeuten mögen sich die Haare sträuben angesichts vieler substantieller Äußerungen dieses Rundschreibens. Und von einigen weiß ich, daß sie diese Enzyklika am liebsten vergessen möchten.

Ich verstehe das – aber auch wiederum nicht. Denn es gibt einen Ort und eine Stunde der Seelsorge und einen Ort und eine Stunde verbindlicher und klar umrissener allgemeiner Grundsätze. Nicht als Handbuch für Großstadtpfarrer und Klinikseelsorger ist daher dieses Rundschreiben geeignet, sondern eigentlich für Politiker, besonders für solche der härteren Art, die ja durchaus im Kommen sind: Sie sollen wissen, daß sie bei der katholischen Kirche in Fragen der Moral auf Granit beißen. Daß man, wo es um Menschenwürde und Freiheit geht, hier nicht mit irgendwelchen Umständen argumentieren und dafür Rabatt erhalten kann. Hier gilt kein »vielleicht morgen« oder »unter Umständen«, sondern nur ein mutiges »niemals«. Ich habe in dieser Hinsicht Respekt vor der alten Dame, die sehr genau weiß, daß sie mit solchen Grundsatzerklärungen sich keine Freunde macht.

Und am Ende ist es doch die wirksamste Reklame, von der Qualität der Markenprodukte nicht abzugehen. Voller Schmerzen auf moralische Anbiederung, wie die alte Dame es sehen müßte, zu verzichten und damit auf den Beifall sehr vieler ehemaliger oder möglicher Anhänger und Anhängerinnen. Und daß die moralischen Normen, die hier verkündet werden, insgesamt gut biblisch sind, das kann der Exeget der Wölfin wohl bescheinigen. Man müßte schon an der Bibel selber knabbern und Abstriche machen, was aber das Problem der alten Dame nicht ist.

Immerhin muß man sagen, daß in diesem Rundbrief nicht jedwede Moralentscheidung des Papstes für unfehlbar erklärt wird. Obwohl dies, selbst wenn es geschehen wäre, doch auch nur als Ausdruck des notwendigen Regierens hätte gesehen werden müssen. Vielleicht kann der Exeget als gebranntes Kind aufgrund seiner Erfahrungen mit den Humanwissenschaften deren glühendsten Verfechtern unter den katholischen Amtsbrüdern etwas Ernüchterung weitervermitteln. Es stimmt schon, daß es nützlich ist, deren Fragestellungen und auch etliche ihrer Ergebnisse zu kennen. Gerade in konfessionell einheitlich geprägten Gegenden hat man den Eindruck, daß ihnen wenigstens ein Schuß der Einsichten Rudolf Bultmanns recht gut täte. Denn oft sind Christenmenschen noch nicht so weit gekommen, menschliche Erfahrungen im Bereich der Religion ernst zu nehmen. Statt dessen wird toter Dogmatismus formelhaft gepredigt.

DIE HUMANWISSENSCHAFTEN SIND GAR NICHT SO HUMAN

Doch andererseits zeigt der rund fünfzigjährige Umgang der Bibelexegeten mit Psychologie und Soziologie, daß man sich hier in aller Regel neue Gesetzlichkeiten und neue Dogmatiken einhandelt, die alles andere als sachgemäß sind. In der Regel werden Religion und Bibel nur zu Illustrationen dessen, was Romulus und Remus suggeriert haben. Die Eigengestalt der Religion wie der Personen in der Geschichte verschwindet allzu leicht. Die Art, in der beispielsweise gängige psychologische Bibelinterpretation Bibeltexte vergewaltigt, läßt Böses ahnen für die Art, in der psychologische Ansätze mit den Individuen und ihrer Geschichte umgehen. Die Liebe zu jedem einzelnen ist offenbar unersetzlich und so auch das Interesse für die Gründe seines Herzens. Oft ist die Humanwissenschaft nur ein Hilfsmittel, um überhaupt ins Gespräch zu kommen; dafür mag sie legitim sein. Die Enzyklika nennt diese liebebedürftige individuelle Beschaffenheit jedes einzelnen seine Freiheit, und sie ist damit moderner als ihre Gegner.

Nicht die geringste der nützlichen Provokationen des Rundschreibens ist die öfter wiederkehrende Rede vom Martyrium als dem Höhepunkt des christlichen Zeugnisses für die Wahrheit. Das ist nicht nur gut urchristlich, sondern hier bringt der Papst auch die geistliche Ernte des Widerstandes der östlichen Kirche gegen den Kommunismus ein, war doch das Martyrium für jeden, der sich zum Dienst an der Kirche entschloß, eine Möglichkeit. Das Martyrium entlarvt und dokumentiert »in sich schlechte Handlungen« auf der Seite des Mörders, es bekräftigt die Unverbrüchlichkeit der Heiligkeit des Gesetzes Gottes und die Unantastbarkeit der persönlichen Würde des Menschen. Es weist auf so unmoderne Tugenden wie »Treue zur Unbedingtheit der sittlichen Ordnung«. Hier besteht dann (wie nach dem 11. Kapitel des Hebräerbriefes) auch die größte Verwandtschaft zu Märtyrern außerchristlicher Religionen und Philosophien, die Zeugen für die Unbedingtheit des sittlich Guten sind. Christliche Kirche war eigentlich nur immer dann glaubwürdig, wenn sie mit dem Rükken zur Wand stand, und daher ist die Erinnerung an die Martyrien der Hinweis auf das überzeugendste Kapitel ihrer Geschichte.

Wahrscheinlich hat die deutlich antikirchliche Mentalität in unserer Gesellschaft, die auch diese Enzyklika wie einen Papierdrachen am Strand bei widrigem Wind gar nicht erst hochkommen läßt, ihren tieferen Sinn darin, Kirche in die Defensive zu zwingen, weil sie immer nur so zeigen konnte, was in ihr steckt. Weil die Menschen eine Ahnung haben, daß das Übliche, was sie von und über »Kirche« hören, doch nicht alles sein könnte, weil sie bei der allgemeinen Suche nach Halt doch das herauszwingen möchten, was mehr ist als esoterische Anwandlungen, die man sonst findet. Weil die alte Dame, wenn sie in Rage gerät und mit Argumenten reden darf und muß, plötzlich schön sein kann wie ein junges Mädchen.

16. Reform geht nur von unten

Die Kirche der Zukunft sollte den Gottesdienst pflegen. Intellektuelle, asketische und auch charismatische Eliten sind ihre Zentren

Teure Marketing-Unternehmen wurden auf die Kirche angesetzt, und man spricht von der endlich notwendigen gründlichen Reform, man wünscht Modernisierung. Das Reden ist tausend Jahre alt.

Doch es scheint weitgehend für die Katz zu sein. Die jüngsten Veröffentlichungen über die Ausdünnung des Priesternachwuchses in der katholischen Kirche in Deutschland sind symptomatisch. Sie offenbaren vollständige Hilflosigkeit.

Ein Professor sollte nun für alles das nicht als Besserwisser auftreten. Eben deshalb sollten wir gemeinsam fragen, ob die ganze Richtung nicht falsch ist. Denn alle Reformversuche haben bestenfalls verheerende Spaltungen gebracht, mit dem Resultat tausender Kirchen oder Konfessionen. Man kann versuchen, aus der Not eine Tugend zu machen, und sich für die Akzeptanz von Verschiedenheiten begeistern. Doch wenn die notwendige Einheit fehlt, in der Verschiedenheiten ihren Ort haben, und wenn noch nicht einmal Bedingungen für diese Einheit überlegt und diskutiert werden, dann bleibt wieder nichts als ein hilfloser Haufen. Aus der Sicht des Neutestamentlers ist die Kirchenspaltung das unerträglichste Zeichen der Unglaubwürdigkeit. Das dritte Jahrtausend muß die Einheit bringen, die uns im zweiten Jahrtausend abhanden kam.

ASIEN IM PFARRHAUS

Mein Eindruck ist in zunehmendem Maße, daß der Kern des kirchlichen Lebens nicht in Ordnung ist. Der Kern, das ist das Christentum als Religion, das ist eine Theologie, die in Spiritualität mündet, das ist Gottesdienst als Standbein der Kirche. Gerade in diesen Bereichen wird der Kirche mittlerweile jede Kompetenz abgesprochen. Längst haben interreligiöse Rituale asiatischer Herkunft auch Pfarrhäuser erobert, längst suchen die Menschen »Religion« in Esoterikläden zu befriedigen. Und die große Stärke des Christentums, die Diakonie, muß um innere Ausrichtung kämpfen. Ein großer Konzern wie das Diakonische Werk ist als Betreiber unter anderen sozialen Einrichtungen längst nicht mehr durch eine klare Identität ausgezeichnet. Gerade der Weg dieser wertvollen Einrichtungen in den letzten einhundert Jahren zeigt eine fortschreitende »Selbstsäkularisierung und Selbstbanalisierung« (Michael Welker).

Mein Vorschlag ist, daß man nicht weitere Reformanstrengungen macht, sondern sich auf das Wesentliche konzentriert und sich dafür Zeit nimmt. Das Vorbild in dieser Hinsicht ist die orthodoxe Kirche, die auf diesem Gebiet seit mindestens 1200 Jahren jede Reform ablehnt. Das Wesentliche ist Gottesdienst und praktizierte Alltagsfrömmigkeit. Wenn das Christentum hier »stimmt«, dann folgt daraus die Nächstenliebe ganz selbstverständlich. Es ist für mich schlicht unbegreiflich, wie gerade in der Kirche, die Rechtfertigung allein aus Glauben so groß schreibt, die Werke der Nächstenliebe sich zum ausschließlichen Inhalt des Christseins verselbständigt haben. Selbst auf großen Pfarrkonferenzen steht man praktisch allein da, wenn man eine Priorität des Gottesdienstes anmahnt. Man wird sofort verdächtigt, gegen die Nächstenliebe zu sein – was schlicht absurd wäre.

Daß nichts dem Gottesdienst vorzuziehen sei, dieser Grundsatz des heiligen Benedikt bedeutet in der Praxis Folgendes: Es gibt große Schätze der Schrift, der Liturgie und der Kirchenväter und -mütter bis hin zu Bonhoeffer und Edith Stein. Sie erschließen sich letztlich nicht am Schreibtisch. In die Gottesdienste eingebracht werden sie lebendig »im eigensten Element«. Neben dem wohl typisch christlichen Mahlgottesdienst hat die frühe Kirche von der Synagoge den Wortgottesdienst mit den typischen Elementen Hymnus, Psalm, Schriftlesung, Auslegung (eben auch durch Lesung der Texte der Väter und Mütter), Gebet und Segensspruch übernommen. Diese Grundformen sind ausreichend.

Entscheidend aber ist dies: Der Gottesdienst ist keine Konkurrenz zu TV-Shows. Diesen oktroyierten Wettlauf kann die Kirche nur verlieren. Sie sollte die Alternative bieten. Bei der Kirche muß eben nicht nach je zwei Minuten ein neues Szenario erscheinen. Natürlich ist es lustig, am Epiphaniasfest (Dreikönige) den Familiengottesdienst durch ein echtes Kamel zu bereichern, am Palmsonntag durch einen echten Esel. Das wird man nie vergessen, nur hat es leider mit Christentum nichts zu tun. Und mit dem tun sich gerade wir hauptberuflichen Theologen schwer. Weil wir meinen, die Hauptsache sei doch so kompliziert und kaum zu vermitteln. Dabei gilt doch nur »Wes das Herz voll ist . . .«

Wie falsch wir liegen, wird mir immer deutlich, wenn Menschen im Anschluß an den Gottesdienst darüber diskutieren wie über eine Theateraufführung im Provinztheater (»Wie war er – sc. der Pfarrer – denn heute?«). Statt dessen gilt doch: Wenn man weniger »macht«, riskiert man weniger.

WEG VOM VEREIN

Kirche der Zukunft könnte darin bestehen, daß Klöster oder glaubwürdige Kommunitäten der Mittelpunkt von Gemeinden sind. Man nennt das klosternahe Kerngemeinden (von den Pfarreien aus definiert) oder »Pfarrei-Konvente« (von den Klöstern her definiert). Man orientiert sich dabei an Christen, die eine »Spiritualität zum Anfassen« vorleben (Vorbild Taizé). Wenn man sich weniger auf Gemeindeorganisation und »Randaktivitäten« (Kindergärten, Organisation von Freizeiten, Friedhofsverwaltung), eben überhaupt auf die weitgehend noch immer vereinsmäßigen Aktivitäten der Pfarrämter konzentriert und mehr auf die Mitte, auf die Begegnung mit Gott im Schweigen, Hören und Singen, dann kommen auch die Probleme der Gemeinde gar nicht übermäßig als Zentralthema in den Blick.

Und das entlastet. Denn alles von Menschen Gemachte hat immer seine eigene Trostlosigkeit. Wer den Blick darauf konzentriert, bestraft sich selbst. Wie wäre es, wenn wir nur noch das Wesentliche tun könnten? Weil das ganz ausgezeichnet wäre, deshalb sind Äußerungen wie die von der Hamburger Landesbischöfin Maria Jepsen so fatale Eigentore, »Kirche« sei durchaus nicht im Sinne Jesu, sondern reines Menschenwerk. Dann ist und bleibt Kirche trostlos, dann kann und darf man sie nicht lieben. Und jeder Fußballfan ist besser dran, weil er seinen Verein liebt und Tränen vergießt, wenn er gewinnt oder verliert.

Dreifaltigkeit und Kirche, diese beiden Phänomene gibt es nur im Christentum, und sie hängen eng miteinander zusammen. Denn Gott, den heiligen Geist, findet man unter der Adresse Kirche. Er ist es, der Kirche zum Leib Christi und zu einer Familie gestaltet, aber das kann nur sein im Blick auf ihn.

Statt dessen sieht man die beiden Volkskirchen damit beschäftigt, immer mehr Gemeinden zusammenzulegen, und diese Strukturreformen verlangen viel Zeit und Geld. Dagegen ist anerkanntermaßen gerade das Gegenteil dringend nötig: kleinere, überschaubare Gemeinden, in denen die Menschen einander kennen. Das späte Mittelalter hat dieser seelsorgerlichen Notwendigkeit bereits entsprochen: Es gab buchstäblich in jeder Straße eine Küche oder Kapelle, so wie eben auch die Kneipe an der Ecke. Die Erfahrungen der Gegenwart zeigen es bereits: Wo die Gemeinden immer weitläufiger werden, dringen fragwürdige Sekten in den leer gewordenen Raum an der Basis ein.

Dieses wäre meine Vision von Kirche in der Zukunft: klosternahe Kerngemeinden, Pfarr-Zellen, die nicht um den eigenen Bauchnabel kreisen und sich in Selbstreflexion verausgaben. Kirche der Zukunft ist missionarische Kirche – Mission aber kann nur als Ansteckung geschehen. Nur ein Glaube, der zur zweiten Natur geworden ist, kann ansteckend wirken, nichts Angelesenes, insbesondere nicht Beschuß mit Bibelzitaten zur Unzeit.

NICHT MEHR FLÄCHENDECKEND

Die Kirche der Zukunft wird nicht mehr flächendeckend sein können, sondern sich um Punkte sammeln, Punkte in der Zeit und in der Landschaft. Sie wird sich sammeln um charismatische Einzelpersonen (früher »Heilige« genannt), um glaubwürdige Klöster, um Gemeinden mit intensivem, reichem Gottesdienst. Schon der Zisterzienserabt Joachim von Fiore (gestorben 1202) konnte fordern: Die Kirche der Zukunft wird sich sammeln um eine intellektuelle, asketische und charismatische Elite, die eben als Zugpferd für andere gebraucht wird. Daß sie auf solche Zugpferde angewiesen sind, sollten die Kirchen ruhig zugeben.

Und man sollte nicht vergessen: Von der Hierarchie oder Kirchenverwaltung, von Pröpsten und Bischöfen ist sozusagen noch nie eine Erneuerung ausgegangen. Es wird daher immer nur eine Erneuerung von unten her geben können. Aber nicht noch einmal Reformismus, sondern Konzentration auf das, was ist, auf Schrift und Liturgie als Standbein, damit Zeit bleibt, das Spielbein (Seelsorge und Predigt) wirklich weltoffen zu gestalten.

17. Es muß auch Tabus geben
Zur Diskussion über den Beginn des Lebens

Ratlosigkeit ist noch das mindeste, das die Diskussion um die Stammzellenforschung auszeichnet. Wer sie beobachtet, kann daraus eine Sammlung klassischer Verlegenheiten machen. Die Argumentationen kehren immer wieder, es schälen sich einerseits grundsätzliche Muster heraus, andererseits aber Vorschläge, die in einem Entweder-Oder enden.

Zunächst zu den Grundmustern. Der Anfang des menschlichen Lebens wird genauso behandelt wie das Ende. Galten vordem beide Bereiche als tabu, so werden sie jetzt in gleicher Weise freies Feld zur Betätigung einer medizinischen Forschung, die sich von allen Hemmungen befreit hat. Es ist kein Zufall, daß zeitgleich mit der Freigabe der Euthanasie in Holland im übrigen Westeuropa die Embryonenforschung von allen Normen befreit wird. Zur Legitimation hört man dann weitere Stereotype. Die einen argumentieren damit, ideologiefreies Forschen sei das Gebot der Stunde, die anderen weisen darauf hin, die Träume der Forschung der Nazis in beiden Bereichen würden nun fortgesetzt.

Was die Lösungswege betrifft, so zeigt sich eine radikale Zweiteilung in konservative und sozusagen progressive Ansätze: Ist der Beginn des schutzwürdigen menschlichen Lebens die Vereinigung von Ei und Samen – oder später, etwa bei der Einnistung? Soll man grundsätzlich dem Gewachsenen absolut höheres Recht einräumen und das Gemachte so weit reduzieren, wie es irgend geht? Ist die Diskussion ergebnisorientiert zu führen (Arbeitsplätze und Therapiemöglichkeiten) oder grundsatzorientiert? Darf der Mensch frei bestimmen, was er macht, oder hat er sich an Tabus zu orientieren, die so alt sind wie die Menschheit? Ist in einer freien philosophischen Diskussion auszumachen, welchen Weg wir einschlagen sollen – oder ist das mit der Bibel in der Hand herauszufinden? Soll der Mensch schützenswertes Subjekt bleiben – oder wird der Mensch zum Objekt der Forschung? Ein Denkschema lautet offensichtlich: »Je schwächer, desto weniger Mensch«. Und daß sich diese Struktur in der Diskussion um Embryonen wie um hilflose Alte wiederholt, zeigt, daß hier in der Ethik etwas außer Rand und Band geraten ist. Auch dies ist eine Grundfrage: Darf man Behinderte sich selbst und ihren Familien zumuten – oder muß man alles nehmen, »wie es kommt«? Gibt es ein Recht auf Gesundheit oder eben nicht?

Ich möchte versuchen, die dargestellten Aporien selbst wieder auf eine Grundaporie zurückzuführen: Können Entscheidungen, die Anfang und Ende von unser aller Leben betreffen, in einem freien Diskurs unter philosophischer Beratung ermittelt und per Mehrheitsabstimmung entschieden werden – oder sind wir letztlich gebunden durch die elementaren Grundlagen unserer Kultur, die sich unserer Verfügung entziehen? Haben die Tabus von Tausenden Jahrhunderten, uns zugänglich durch den biblischen Wertekanon, die Macht und das Recht, der medizinischen Forschung den Weg zu weisen? Oder hat die Forschung mit ihrer konkreten Aussicht auf Geldverdienen und der vagen Aussicht auf Therapie das Recht, unsere Moral einzuschränken? Haben die »konservativen« Juden und Christen in unserem Land das Recht, den übrigen Mitbürgern diese altertümlichen Vorstellungen über Menschenwürde aufzuzwingen – oder eben nicht? Und: Sind dazu Mehrheitsentscheidungen legitim?

Gilt nur die Mehrheit, die bekanntlich leicht wechselt, oder hat die Verfassung mit dem Paragraphen 1 der Präambel des Grundgesetzes, hat damit die Geschichte eines Landes, seine religiöse Herkunft nicht ein übergeordnetes Recht? – Nein, einfach abstimmen kann man wohl nicht. Trotzdem muß es einen Weg geben, ein Diktat zu vermeiden. In Wirklichkeit wird dieser Weg, der die Grundüberzeugungen eines Volkes wach hält, oft beschritten. Im alten Israel nannte man diese charismatischen Figuren Propheten, heute erhoffte man sich eine weise Frau oder einen weisen Mann, die in ihrem Volk so viel Autorität besitzen, daß sie sagen können: Ihr seid von allen guten Geistern verlassen! Das Leben wird uns geschenkt, und alles Wichtige im Leben wird geschenkt: die Gesundheit, die Klugheit, die Schönheit, die Liebe, die Vergebung. Und alle Versuche, das zu produzieren, was nicht da ist, von der Liebe über die Schönheit bis zur Klugheit, sind lächerlich. Wenn der Mensch aber so ganz und gar abhängig ist von dem, was ein gnädiges Geschick oder ein gnädiger Schöpfer ihm schenkt, dann hat dieser Mensch kein Recht über das Leben anderer. Wenn die Bibel sagt: Gott hat Recht am Menschen, nicht der Mensch, dann ist das kein Dogma, sondern eine tiefe, Völker und auch fast alle Religionen übergreifende Weisheit. Dagegen wird jede »freie« philosophische Suche nach Verbindlichkeiten zu nichts führen und im Chaos enden. Das Grundsatzmuster »Je schwächer, desto weniger Mensch« entlarvt unsere inhumane Erbarmungslosigkeit.

18. Noch einmal findet das Volk Gottes seine Ordnung

Der »Katechismus der Katholischen Kirche« von 1993 erschließt eine reiche, verlorengeglaubte Welt

Der neue »Katechismus der Katholischen Kirche« liegt seit dem 17. 5. 1993 in deutscher Übersetzung vor. Er ist nach dem »Römischen Katechismus« von 1566 das erste Dokument dieser Art für die ganze Kirche. In vier großen Teilen behandelt er das Glaubensbekenntnis, die Sakramente, die Zehn Gebote und das Gebet. Am Schluß jedes Teiles findet sich eine Zusammenfassung in Kurztexten. Die durchgehende Zählung von 2865 Paragraphen entspricht formal dem Gesetzbuch der Römischen Kirche (CIC).

Das Buch liest sich wie eine große Fronleichnamsprozession. Eine mächtige Heerschau, wohlgeordnet und bunt, fromm und zeitlos. In Gruppen ziehen einher Erzväter und Propheten, Apostel und Märtyrer, von ehrwürdigen Zeugen getragen die Gestalt der Muttergottes, dann Eremiten und Jungfrauen. Kirchenväter aus Ost und West schreiten einzeln daher, züchtig wird nach Männern und Frauen getrennt. Chöre aus allen Teilen der Weltkirche, Teufel und Engel in Dienstfunktion. Hochgeehrt ist Elia erkennbar, fast schamhaft wird der Papst in der Gruppe der Bischöfe versteckt (so im Paragraph 891). Doch jeder weiß, daß er ganz in der Mitte sein muß. Kein Vertreter der Politik ist dabei; das Wort »Demokratie« fällt nicht. Nein, es geht um die Zeugen ewiger Wahrheit. Immerhin: die Juden gehören geschlossen dazu, das »Gottesvolk des Alten Bundes«. Man traut seinen Augen nicht, aber es gibt auch eine Gruppe der Homosexuellen und Geschiedener mit neuen Partnern. Sie dürfen an der Prozession teilnehmen, wenn, ja wenn sie vollkommen enthaltsam leben.

Mitten unter Mönchen und Nonnen marschieren sie daher – oder ist es nur ein Traum? Wird ihr Platz, obschon reserviert, nicht doch leer bleiben?

Wie kann und konnte man von einer solchen Prozession erwarten, daß sie »moderne« und »progressive« Theologie bietet? Das wäre ungerecht, denn: Was heißt schon »progressiv« – bei bald einer Milliarde Katholiken? Wo schon, Verzeihung für den Vergleich, die deutsche SPD mit einem Riesentanker verglichen wird, der kaum noch manövrierfähig ist. Maßstäbe für das, was wir in Deutschland für progressiv halten, verblassen einfach angesichts der riesigen Dimensionen der Weltkirche.

Großartig, wie ausführlich die Kirchenväter der ungeteilten Christenheit im Originalton zu Wort kommen. Wo doch heute selbst die Theologen aller Konfessionen Gestalten wie Gregor von Nazianz oder Cyrill von Jerusalem kaum noch dem Namen nach kennen. Sie sprechen zu uns in diesen ausführlichen Zitaten direkt, verständlich, voller schöner Bilder und mit jener Kraft der Aussage und des Gedankens, die ihre Schriften zu wahren Schätzen macht. Eine reiche, verkannte, verloren geglaubte Welt wird neu erschlossen.

Und die Zitate aus alten Liturgien aus Ost und West treten den Vätern zur Seite. Allein schon der Fingerzeig darauf, daß es dieses alles gegeben hat und gibt, daß man diese Welt nur zum eigenen Schaden vergessen kann, rechtfertigt das Buch.

Schön und befreiend ist auch, was über Altes Testament und Judentum gesagt wird. Daß der Alte Bund nie aufgehoben, das Gesetz nie abgeschafft wurde, daß Israel Gottes Volk bleibt, daß man das Neue Testament auch vom Alten her lesen kann und soll (und nicht nur umgekehrt). Auch daß Jesus sich mit dem Tempel identifiziert habe und daß Maria nur als Jüdin richtig verstanden wird. Immer wieder wird die jüdische Armenfrömmigkeit hervorgehoben, die in den Texten aus Qumran ihren besonderen Niederschlag gefunden hat. Einfühlsam ist der Abschnitt über die alttestamentlichen Frauengestalten. Eine kollektive Schuld der Juden am Tod Jesu wird abgelehnt. Kurzum: Man kann wohl nicht sagen, daß hier christliche Lehre auf Kosten des Judentums entfaltet würde. Der christliche Standpunkt ist klar erkennbar, aber darauf hat das Judentum auch ein Recht.

GEBET ALS KAMPF, TEUFEL IM DETAIL

Wirklich anspruchsvoll und anregend ist der Katechismus in den katholischen Domänen der Diskussion über Zeichen und Symbol, über Schönheit und Kunst. Hier hört man eben doch und glücklicherweise Joseph Ratzingers Münchener Lehrer, den unvergeßlichen Gottlieb Söhngen, heraus. Und zu den ganz ohne Zweifel gelungenen Abschnitten gehört auch alles, was im Schlußteil über das Gebet – auch mutig, etwa über das Gebet als Kampf – gesagt wird. Daß man das bei uns kaum verstehen wird, ist eher unser Problem. Gerade die Bibelwissenschaft wird zugeben, daß christliche Kirche nur als betende denkbar ist. Und auch wenn die Rede vom Gebet als dem Ort des Bundes etwas gespreizt klingt, so geht es doch in der Sache genau darum. Unsere Schwierigkeiten mit der Größe »Gebet« sind freilich wohl symptomatisch für unser Verhältnis zum biblischen Christentum überhaupt.

Vieles, sehr vieles ist freundlich formuliert, etwa über Mission und Dialog, über homosexuelle Veranlagung; die Verfasser betonen, daß sie sich die Gewissenskonflikte vorstellen können, die ein früherer Polygamist hat, wenn er infolge der Taufe nur eine Frau behalten kann. Oft hat man Mühe, in der blumenreichen, von freundlichen Bibelzitaten überquellenden Sprache die eisernen römischen T-Träger zu entdecken. Doch irgendwelche Befürchtungen in dieser Hinsicht wären übertrieben.

Steckt – angesichts aller dieser Herrlichkeit – der Teufel dann im Detail? Gewiß doch. Zunächst auf lustige Weise, auf subtile Art neukatholischen Humor dokumentierend: In dem sorgfältig angelegten Register steht nur beim Stichwort »Hierarchie« rein gar nichts, kein Querverweis, keine Zahl, nichts. An einer Stelle wollte jemand die Exegeten piesacken, doch augenzwinkernd werden wir uns schon verständigen: In dem Abschnitt über die Bibelausleger in Paragraph 119 wird durch das fragmentarische Zitat der Eindruck erweckt, die Methode der Exegese sei der vierfache mittelalterliche Schriftsinn von Paragraph 118. Wir werden den Stich überleben.

Weniger lustig sind die acht Zeilen über den Priesterzölibat in Paragraph 1579, noch dazu, weil im folgenden dann gleich ausgeführt wird, daß in den katholischen Ostkirchen Priester verheiratet sein dürfen. Paragraph 1579 endet mit dem verräterischen Satz über den Zölibat: »Mit freudigem Herzen auf sich genommen, kündigt er strahlend das Reich Gottes an.« Und ein bißchen neumodisch ist diese Prozession dann doch: Außer den Heiligen, die etwas geschrieben haben und zitiert werden, wird eigentlich nur Maria genannt. All die anderen lieben Heiligen, die bei früheren Prozessionen mitgeführt wurden, von der heiligen Magdalena bis zum heiligen Antonius, von Sankt Georg bis zu Sankt Nikolaus, sie sind irgendwie verschwunden. Zugunsten der Muttergottes? Wenn von Maria gesagt wird, sie sei eine »eschatologische Ikone der Kirche«, und diese hehren Worte nicht erläutert werden, so verstehe sie, wer kann; ich vermag es nicht. Was soll bitteschön eine »eschatologische Ikone« sein? Und andere Frauen außer Maria und denen des Alten Testaments, was schon etwas lange her ist, kommen (siehe Stichwort »Frau« im Register) nicht besonders vor. Eine vertane Chance.

Das Problem ist die Dimension »Geschichte«. Eigentlich gibt es sie nur zwischen Altem und Neuem Testament. Das ist zu wenig. Natürlich, eine Prozession erfordert Gleichzeitigkeit, macht auch »prozessionalen Gleichschritt« nötig. Sonst droht das Chaos, das der Katechismus gerade eindämmen will. Die römische Antwort auf die römische Angst vor dem Chaos fordert einen hohen Preis, aber sie ist auch voller Respekt zu betrachten: Nur so konnte das Imperium Romanum, über die ganze Welt verbreitet, in neuer Gestalt bis heute fortleben. Sieht man vom Judentum ab, das keine Institution ist, bleibt die katholische Kirche die einzige Institution der Antike, die bis heute lebt. Doch der Preis für diese Ordnung ist so immens, daß es immer wieder auf des Messers Schneide steht, ob er sich gelohnt hat. Und die »regionale« Bewährungsprobe steht dem Katechismus noch bevor. Paragraph 24 kündigt an, daß es regionale Katechismen geben werde. Dann erst wird sich zeigen, was Katholizität heute wirklich vermag. Denn noch ist diese Prozession, abgesehen von ein paar Zitaten aus Lateinamerika, eine griechisch-lateinische. Noch fehlen in der Musik afrikanische Trommeln, noch gibt es keine Abteilung mit Umbanda-Hexen, fehlen aztekische Götter im Gefolge des Allerheiligsten.

Und jenseits der Prozession – das Elend der Gassen? Es wäre zynisch zu sagen, daß die Welt nun einmal so ist. Und es wäre sehr ungerecht, für diesen Kontrast immer wieder die katholische Kirche haftbar zu machen, nur weil sie in den Elendsländern vor Ort ist. Mit Freude und Zustimmung liest man die Abschnitte über die katholische Soziallehre. Und es gab ja auch Leute, die sie umgesetzt haben, etwa der hierzulande bekannte Jesuit Oswald von Nell-Breuning. Aber wie steht es mit dem Elend und den Tränen in katholischen Schlafzimmern? Denn in Sachen Empfängnisverhütung gibt es nichts Neues. Wie ist das mit dem schreienden Elend der Verbreitung von Aids – und Kondome bleiben verboten?

Es bleibt eine offene Frage, ob das katholische Lehramt bei seinem Hineinregieren und -bestimmen in das Schlafzimmer von jedermann nicht bisweilen die notwendige Anstößigkeit des Evangeliums verwechselt mit eigener Prinzipientreue, hinter der ja auch ganz pragmatische und im übrigen einigermaßen achtenswerte Überlegungen wie etwa das Bevölkerungsverhältnis gegenüber den islamischen Ländern im kommenden Jahrtausend stehen könnten. Niemand wird es wagen können, diese Frage zu entscheiden. Diese Fragen berühren insgesamt das Problem der Normativität. Der Katechismus will Normen verkünden, und das erwarten wir auch von ihm. Doch darüber, wie die Verfasser sich das Verhältnis von Norm und Wirklichkeit denken, gibt er keine Auskunft. Selbst eine Gewichtung der Normen fehlt. Aber vielleicht haben wir Deutschen zu Normen ein besonders merkwürdiges Verhältnis. Denn nicht ohne Grund gibt es das Diktum, daß die Gesetze der Kirche in Rom zwar gemacht, in Deutschland aber befolgt werden. Nehmen wir diesseits der Alpen die Normen zu ernst? Und tun wir das nicht auch, um ein Alibi zu haben, das wir dann gegen die teilweise unangenehm verbindlichen Forderungen des Christentums überhaupt ins Feld führen können? Ist es zum Beispiel rundum glaubwürdig, wenn eine ältere Dame mir erklärt, sie halte nichts von ihrer katholischen Kirche wegen Papst, Pille und Priesterzölibat. Wo doch keine dieser Größen ihr etwas tut?

Verkündet die Kirche vielleicht deshalb die Normen so gerade und steil, weil sie einkalkuliert, daß die Verkündigung eines Kompromisses erst recht niemanden mehr interessieren würde? Für Protestanten unverständlich, aber doch ein Stück Evangelium: Das Heilige muß nicht pedantisch wahrgenommen werden, zum Heiligen gehört ein

Stück Chaos. Normen und das übersprudelnde Leben gehören als Partner zusammen. So ist es sonst überall auf der Welt, nur bei uns nicht. Hat vielleicht gar, um es auf die Spitze zu treiben, Gott selbst die Mentalität eines rheinischen Katholiken? Sind nicht unser Bierernst und dann unsere Wehleidigkeit zwei Seiten derselben Medaille? Gibt es die sprichwörtlichen Tränen in katholischen Schlafzimmern wirklich? Ich glaube nicht ganz daran. Denn alle katholischen Ehepaare, die halbwegs bei Verstand sind, werden ihre Lösung gefunden haben und der Kirche nicht aufs Wort gehorchen. Und das findet die Kirche wohl auch selbst nicht so schlimm, sie kann und darf es nur in ihrer Rolle keineswegs sagen. Denn in Wirklichkeit besteht hier ein höchst kompliziertes Wechselspiel von Autorität und Norm einerseits und Realität andererseits. In einem gesunden Katholizismus funktioniert das einigermaßen; nur mißverstehen wir die Signale der Kirche zusehends.

Nein, das Problem besteht nicht in diesem Wechselspiel. Man kann sich wenigstens vorstellen, daß es funktioniert. Die Geschlechtspartner untereinander und bei uns wohl auch ihr Beichtvater werden sich schon einig werden. Und das tut ihrem Katholischsein nicht im mindesten Abbruch.

Das Problem liegt darin, daß all diesen Normen keine Bremse gegen autoritären Mißbrauch eingebaut ist. In der Regel machen nicht die Geschlechtspartner einander die Hölle heiß, sondern herrschsüchtige Schwiegerväter und -mütter, frustrierte Oberschwestern (auch solche gibt es), stalinistische Seelsorgehelfer(innen), Lehrer und Pfarrer. Hat die Prozession in ihrer Herrlichkeit etwas zu tun mit der Ermöglichung solcher Menschenverachtung? Ich würde das bestreiten, weiß aber, daß an dieser Frage sich die Geister scheiden. Man muß nicht von der katholischen Kirche verlangen, daß sie die von ihr selbst über Jahrhunderte ausgebrüteten Menschenrechte nun in ihrer laizistischen Gestalt reimportiert.

Nein, ganz im Sinne der patristischen Tradition dieses Katechismus sollte und könnte die Antwort aus Eigenem gefunden werden: In der Betonung des Rechtes auf Widerstand im allgemeinen und im besonderen; die katholische Soziallehre bietet genug Ansatzpunkte. Die Wirkungsgeschichte von Apg 5, 29 (»Man soll Gott mehr gehorchen als den Menschen«) verlief zu zwei Dritteln innerkatholisch. Die

Spielregeln könnten ohne Schaden so erweitert werden. Aber es muß wohl sein. Ohne eine breite Durchführung dieser Erweiterung bleibt dieser Katechismus, was er ist: ein buntes, reiches Buch, eine schöne, imponierende Prozession von hoher Spiritualität, aber ein willkommenes Werkzeug in der Hand geistlicher und weltlicher Tyrannen. Keine Frage des Glaubens, sondern der Praxis. Es wird nur sichtbar, worin Sünde ganz aktuell überhaupt besteht: in Herrschsucht gegen andere. Und das ist natürlich keine Frage der Konfession, nur ist diese Gewaltanwendung innerprotestantisch, Verzeihung, mangels Masse weniger spürbar.

GEMEINSCHAFT IM UNTERSCHIEDENEN

Und die Ökumene? Die verschiedenen protestantischen Kirchen kommen nicht vor. Wie sollten sie auch, denn weltweit sind das tausendundeine verschiedene, je nach Region andere. Eine Aufgabe für die Regionalkatechismen. Dennoch wird die Bedeutung des neuen Katechismus für die ökumenische Diskussion ganz erheblich sein. Wahrscheinlich wird hier seine größte Wirkung liegen. Denn er stellt katholische Identität dar; das sollen – man mag über den flickenteppichartigen Charakter des neuen Katechismus getrost lästern – die Protestanten, zumal die Orthodoxie, erst einmal nachmachen. Spätestens ab jetzt wird es zwei Modelle von Ökumenismus geben, ein aussichtsloses und ein aussichtsreiches.

Das aussichtslose geistert bei uns hierzulande besonders intensiv: Als sei die Einheit der Christen durch allmähliche Abschleifung der Unterschiedlichkeiten erreichbar, indem der Papst dem Weltrat der Kirchen beitritt und die Evangelischen lernen, mit Weihrauch zu hantieren, ohne sich die Finger zu verbrennen oder sich eine Allergie zu holen. Oder vielmehr: Indem beide sich auf den kleinsten gemeinsamen Nenner, nämlich einen christlichen Humanismus, ein Minimalbekenntnis, eine calvinistische Liturgie (was so ungefähr das Gegenteil von einer Prozession ist) und eine bürokratische Verwaltung (die sie beide schon haben, nur im Verhältnis eins zu eins zusammenlegen müßten) einigen. Dieses Modell kann nicht funktionieren. Und es ist auch gar nicht zu hoffen, daß die Prozession sich in ein Großraumbüro hinein auflöst. Dieses erste Modell war immer nur mit identitätsvergessenen Katholiken machbar, die gegen das, was sie eigentlich verantworten konnten, aus mißverstandener Sehnsucht nach Einheit etwa mit Abendmahlsgemeinschaften »von unten her« begannen. Jetzt, wo katholische Identität neu formuliert ist, kann das weniger denn je funktionieren.

Das andere Modell dagegen, und dieses allein scheint mir nur mehr möglich, ist das von Position und Opposition. Die katholische Position ist klar ausgesprochen, neu zusammengefaßt. Meine Beobachtung ist, daß besonders evangelische Theologen fast nichts über das Katholische wissen. Man kann sich jetzt nicht mehr damit herausreden, in Zukunft sei das sowieso alles unwesentlich. Man muß schon wissen, was die andere Seite will. Und dann kann man miteinander reden und vor allem miteinander handeln, ohne im unansehnlichen Brei einer Mischkonfession zu versinken. Man nennt das Koalitionen. Wäre eine »Einheitspartei« wirklich ein Segen? Und eben auf diesem Wege der lebendigen Auseinandersetzung mit Identität und Andersheit könnte dann auch die katholische Prozession noch fühlbarer einige demokratische Spielregeln verinnerlichen, die das Zusammenleben erleichtern. Das gilt auch dann, wenn klar sein muß, daß Kirche selbst tatsächlich keine Demokratie sein kann.

Angesichts des verfehlten ersten Modells scheint es mir besonders wichtig für die christlichen Konfessionen, einander in der jeweiligen Identität zu bestärken. Auch um den Platz des dreieinigen Gottes offen zu halten, der nach allem, was man von ihm erahnen kann, nicht in einem Konfessionsbrei, sondern nur jenseits und im Gegenüber zu verfaßten Kirchen zu finden sein dürfte, aber doch nie ohne sie zu erreichen ist. Denn anders als die meisten Deutschen meinen, gibt es Gott und Christentum nicht als bloße Idee. Die ganze Bibel bezeugt, daß er ein Volk Gottes wollte und will. Und das heißt: konkret verfaßte und ärgerliche, mühsam zu ertragende Gemeinschaften von Menschen. Sonst löst sich alles in heiße Luft auf, die, wiederum nach allem, was wir wissen, mit dem Heiligen Geist nichts gemeinsam hat.

19. Zur Situation der Katholischen Kirche in Deutschland

VOM ENDE DER DURSTSTRECKE

Die Talsohle der Kirchenkrise ist offenbar durchschritten. Zwei Schlaglichter aus dem Orden der Zisterzienser, dem ich seit Jahren eng verbunden bin, mögen dieses erhellen: zum einen das Wunder von Helfta in der Lutherstadt Eisleben. Dort, wo Wirtschaft und Kirche längst tot zu sein scheinen, wo noch »DDR pur« dahinwest, kann sich das Kloster der Hl. Gertrud vor Nachwuchs kaum retten, zu fast jedem Stundengebet ist die Kirche halbvoll von Menschen. – Und zum anderen: Unser Abt vom Stift Heiligenkreuz bei Wien wurde jüngst in der Konferenz der Ordensoberen im fernen Österreich gefragt, warum sein Kloster reichlich Nachwuchs habe, andere aber gar nicht. Seine Antwort: Weil wir Ordenskleidung tragen, auch wenn wir unterwegs sind, und weil wir hinter dem Papst stehen.

AN DEN RESSOURCEN ORIENTIERT

In seinem Buch »Der blockierte Riese« hat Manfred Lütz jüngst den Vorschlag gemacht, es in Sachen Kirche zu halten wie die neuere Psychiatrie: Wenn man fragt, woran leiden sie, dann bekommt man endlose Litaneien zu hören, und alle anderen sind schuld. – Wenn man dagegen fragt: Wie haben Sie das nur so lange aushalten können? dann sprechen die Menschen über ihre Ressourcen, über die Kraft, die sie am Leben erhält. – Und welches sind unsere Ressourcen?

Als Neutestamentler bin ich sozusagen Kellermeister unserer Hauptressource, und wer einst wie ich Heinrich Schlier in diesem Haus erlebt hat, weiß, wovon ich spreche. Doch Gestalten wie Heinrich Schlier und Josef Blank waren Ausnahmen.

Was im übrigen Exegeten zum Neuen und zum Alten Testament sagen, das ist aus meiner Sicht ganz wesentlich verantwortlich für den Zustand der Kirche. Die meisten Theologen ziehen sich bei der Exegese eine lebenslängliche chronische Erkältung zu, denn die Exegese findet immer heraus, daß angeblich alles das nicht stimmt, was wir glauben. Und wenn das Herz der Kirche so zerfasert ist, wie kann sie da leben? Niemand, ich schon gar nicht, will auf die Einsichten der historischen Exegese verzichten. Aber die Zukunft liegt eindeutig bei einer Auslegung der Schrift, die nicht immerzu die Bibelkritik zum Instrument der Kirchenkritik macht. Das sieht dann so aus: Wenn der Exeget meint, ihm hinge Liturgie zum Halse heraus, wird er flugs behaupten, Jesus sei nie im Tempel gewesen und habe den ganzen Kult abschaffen wollen. Wenn ihn autoritär verordneter Wunderglaube stört, erklärt er, Lazarus habe gar nicht gelebt, damit eben Joh 11 nicht passiert sein muß. Wenn jemand sich über den Papst ärgert, erklärt er das Wort an Petrus für unecht. Wenn jemand gern geheiratet hätte, erklärt er das anstößige Eunuchenwort Jesu für nicht authentisch.

Und wenn jemand – irrtümlich – meint, Marienverehrung belaste die Ökumene, dann wird schnell darauf hingewiesen, die Empfängnis durch den Heiligen Geist stehe nur in zweien der vier Evangelien. Und außerdem sei sie nicht mehr zeitgemäß. Ich pflege dann immer mit einem Tauschangebot zu antworten: Auch das Vaterunser steht nur in zwei Evangelien, zufällig in denselben. Wenn ihr das Vaterunser aufgebt, gebe ich Mariä Verkündigung auf.

Besonders stark wird das Gottesbild manipuliert. Angesehene katholische Theologen schrecken nicht davor zurück, alle Gerichtsaussagen in der Verkündigung Jesu für spätere Eintragungen und Verfälschungen zu halten. Dabei bezeichnet sich Jesus ausdrücklich nicht als Friedensapostel. Die Zertrennung der Beziehungen jetzt soll der sonst fälligen Zertrennung im Gericht präventiv vorausgehen. – Wer den Gott der Bibel auf das eine Attribut therapeutischer Liebe festlegt, trägt die angeblichen Bedürfnisse einer hedonistischen Wohlfühlgesellschaft gewaltsam in die Bibel ein. Wer so mit dem Gottesbild umgeht, weckt Erwartungen, die die Kirche nicht erfüllen kann, weil doch auch Gott selbst diese Wünsche nicht erfüllen will. Hier geht es um direkte Folgen einer zweifelhaften Spiritualität für das Verhalten zur Kirche. Oft kommen Menschen zu mir und sagen: »Ich trete aus der Kirche aus, weil Gott unsere Oma hat sterben lassen. Einen solchen Gott kann ich nicht unterstützen.« – Aber wer hat den Leuten denn eingeredet, daß Gott so sei? wer hat ihnen denn weismachen wollen, Jesu Wort vom notwendigen Hassen der Familie und seiner selbst sei unecht?

Und die Anrede Gottes als Mutter ist nichts weiter als ein feministisches Eigentor. Jesus redet deshalb Gott mit »Vater« an, weil es dringend notwendig ist, in einer patriarchalischen Gesellschaft, in der alles Unheil von Vätern und sogenannten Onkels ausgeht, einen neuen, ganz anderen Vater zu finden. Wer Gott als Mutter anredet, bekennt damit, daß in der bestehenden Gesellschaft alles Unheil von Müttern und Tanten ausgeht, so daß die Mütter unbedingt ersetzt werden müssen.

Liebe Reformkatholiken, verschont uns mit euren Versuchen, all das für unecht oder unhistorisch zu erklären, was im Neuen Testament auf ein differenziertes Gottesbild, auf Kirche und den Glauben an den dreifaltigen Gott hinweist. Die Zukunft gehört eindeutig einem schonenderen Prüfverfahren, das die Fremdheit der Texte achten kann, damit es den Studierenden mehr so ergeht wie den Jüngern von Emmaus, denen das Herz brannte.

EMANZIPATION DER MYSTISCHEN FAKTEN DER BIBEL

Die Zukunft gehört einer Exegese, die in der Lage ist, die mystischen Fakten als eigenständige Wirklichkeit anzuerkennen, die also Auferstehung, Wunder und Himmelreich nicht so weit reduzieren muß, daß sie nur Anhängsel psychischer oder sozialer Fakten sind. Ich meine damit eine Emanzipation des unsichtbaren, aber wirkmächtigen und sehnsüchtig gesuchten Bereiches Gottes. Das bedeutet: Der Bereich des Heiligen ist nicht irrational und subjektiv, und eine aufmerksame und nicht-reduktionistische Exegese liefert hier eine ganze Landkarte möglicher Lebensvollzüge zwischen Gott und Mensch. Zum Beispiel ist der Einigkeit mit Gott im Glauben und unter Menschen in der Versöhnung die Schöpfermacht Gottes selbst zugesagt. Zum Beispiel zielt Gottes Offenbarung auf die Erfassung, Heilung und Verwandlung menschlicher Leiblichkeit. Und es besteht ein Zusammenhang zwischen Sprache und Gebet überhaupt. Also eine Wirklichkeit, in der das Kausalgesetz im Sinne der hinreichenden Ursache nicht gilt. Mystik bedeutet nicht Subjektivität, sondern eine eigene Wirklichkeit, in die Visionen und Wunder, Schöpfung, Jungfrauengeburt, Auferstehung, Engel und Teufel gehören. Ihre Logik ist kommunizierbar, einsehbar und wissenschaftlich beschreibbar. Es geht darum, diese als Exeget nicht einfach zu negieren, sondern darüber sprachfähig zu werden. Das wäre ein spezifisch katholischer Beitrag im Bereich der zu einhundert Prozent dominierenden liberalen protestantischen Exegese.

KATHOLISCHE THEOLOGIE IN DEUTSCHLAND

Ich bin erschrocken darüber, wie zerspalten gerade die aktiven Katholiken und dann noch einmal die Katholiken rechts von der Mitte sind. Es ist immer wieder die Spaltung zwischen Traditionalisten und Reformisten. Dabei entsprechen die Reformisten etwa dem, was zu achtzig bis neunzig Prozent an katholischen Fakultäten gelehrt wird. Und das ist ein irenischer, aufgeklärter Rationalismus – ohne ernstzunehmenden Bezug zur ganzen Bibel; eucharistische Frömmigkeit und Marienverehrung sind abhanden gekommen. Aus moralischen Gründen ist man antipäpstlich, antihierarchisch und oft antikirchlich. Diese oftmals interreligiös begründeten Positionen finden sich besonders oft auch im Apparat der kirchlichen Angestellten und bei Pfarrern zwischen 45 und 65. Es gehört oft zum guten Ton, gegen die Kirche zu sein. Wer nicht gegen die Kirche ist, kann nichts werden.

Zum Beleg für die Zustände an den katholischen Fakultäten nur wenige Fragen: Wo ist die eucharistische Frömmigkeit geblieben? Irgend jemand hat den Menschen eingeredet, aus Rücksicht auf die Protestanten dürfe man nicht mehr an die Gegenwart Jesu in Brot und Wein glauben. In vielen Pfarreien werden seit Jahren keine Sakramentsandachten mehr gehalten, in sehr vielen Kirchen ist der Tabernakel schamhaft in die Ecken abgedrängt. – Und zweitens: Die Vereinigung deutschsprachiger katholischer Systematiker hat jüngst erklärt, sie entschuldige sich bei den Protestanten für *Dominus Jesus*. Ich bin versucht, das Phänomen »katholische Weicheier« zu nennen. Kein Protestant wird dieses ernsthaft würdigen wollen und können. Denn man kann froh darüber sein, daß die Diskussion über »Kirche« endlich ehrlicher wird. – Eine dritte Frage entlarvt vieles: Wie hält man es mit der Realität des Dämonischen und Teuflischen? Hat Jesus die Menschen vom Glauben an die Dämonen befreit oder von den Dämonen?

Zur Diagnose: Daß der Mangel an Priesternachwuchs am Zölibat hinge, ist im wesentlichen eine Ausrede. Vielmehr: *Es stimmt mit der Theologie das meiste nicht.* Sie ist seicht aufklärerisch und naiv angepaßt. Die Heilmittel liegen auf der Hand: biblischer und urkirchlicher Pfeffer, Freude am Glauben und apokalyptische Distanz zur Gesellschaft, und wie wäre es mit einem Schuß Radikalität?

»Apokalyptische Distanz«, weil die Nähe zum Staat zu groß ist. »Freude am Glauben«, weil es im Evangelium heißt: Voll Freude ging der, der den Schatz im Acker gefunden hatte, hin und gab alles auf, was er hatte. Ob man den Zölibat schafft, das ist ein Indikator für die Freude am Glauben. – Eine erneuerte Theologie stelle ich mir vor als monastische Theologie und eben nicht nur als Neuauflage der Scholastik. Meine Fragezeichenbücher (»Wer war Jesus wirklich?«, »Darf man an Wunder glauben?« usw.) sind als Beiträge zu monastischer Theologie gedacht.

Nun werden meiner These von der »erneuerten Spiritualität« sicher fast alle zustimmen können, weil es sich da um etwas Schwammiges zu handeln scheint, die These aber, mit der Theologie stimme das meiste nicht, werden Theologen, Apologetik gewöhnt, bestreiten. Doch die Spiritualität ist nicht zu haben ohne eine zugehörige Theologie. Und genau das habe ich seit meiner Jugend entbehrt.

Schon als ich Theologie studierte, wurden Spirituale in den Priesterseminaren als Witzfiguren geführt. Ihre Rolle entsprach ungefähr der des Zeichenlehrers an einem Gymnasium voll rotzfrecher Buben. Die Unterstützung durch die Regenten war halbherzig. Das wäre ein Heilmittel: Die jungen Menschen zu faszinieren durch den Reichtum, den Liturgie und Väter in spiritueller Hinsicht bieten. Bei meinen protestantischen Hörern in Heidelberg ist wenigstens die Frage aufgebrochen. In einer Kirche mit durchschnittlich 1 % Gottesdienstbesuch entdeckt man plötzlich, daß das Überleben von der Spiritualität abhängt. Geradezu verzweifelt sucht man danach, reist nach Taizé, um wenigstens »Zisterzienser light« zu erleben.

EIN ÄRGERNIS SEIN

Die Kirche der Zukunft wird wieder Kraft dazu haben, das Ärgernis der Botschaft auszuhalten und zu vertreten. So wie sie dem Zeitgeist widerstanden hat und unter großen Opfern daran festhält, daß Jesus die Ehescheidung nicht will. Wie leicht hätte sie es sich machen können. Doch es hat schon seinen Sinn, weshalb Jesus insgesamt fünfmal sagt, daß er Scheidung nicht will. Kein Wort ist so häufig belegt wie dieses. Denn Jesus sieht in der Treue zwischen Mann und Frau Abbild und Konsequenz der Treue Gottes zu seinem Volk, die seit alten Zeiten im Bild der Ehe gesehen wird.

GEISTLICHE ZENTREN

Kirche der Zukunft wird kaum noch flächendeckend die Menschen mit Pfarreien versorgen können, sondern sich wie vor 1200 Jahren auf geistliche Zentren beschränken müssen. Erfahrungen mit den streng kontemplativen Orden zeigen es: Spiritualität lebt nicht ohne Träger, um die kontemplativen Klöster werden sich Gemeinden der Zukunft scharen, weil diese selbst ein Stück Verweis auf die geheimnisvolle Mitte sind. Es werden Gemeinden sein, die strikt auf das Wesentliche beschränkt sind, Gottesdienst und Seelsorge; dazu gehört es zum Beispiel, Hausbesuche zu machen, ganz altmodisch, gewiß. Wie wäre es, wenn wir nur noch das Wesentliche tun könnten? Ohne die tausend Verzettelungen. Vielleicht würde es uns gut tun.

CHARISMATISCHE EINZELFIGUREN

Die zweite Säule neben den geistlichen Zentren werden charismatische Figuren sein, wie Julius Döpfner eine war. Um solche Männer und Frauen kann man nur beten. Man sollte sie nicht nur im Klerus suchen. Früher nannte man solche Figuren Heilige. Die Kirche braucht sie notwendig. Übrigens ist das wohl der Hauptgrund, weshalb von 100.000 Besuchern der evangelischen Kirchentage jeweils 30.000 katholisch sind, eben weil sie Frau Schottroff und Frau Käßmann, Frau Sölle und Frau Jepsen für Prachtexemplare halten, die man unbedingt gesehen und gehört haben muß, dazu auch männliche Gegenstücke wie Drewermann, Steffenski und Anselm Grün. Von diesen Figuren leben die Jugendlichen, und wir sollten das ganz nüchtern neidlos wahrnehmen. Kirche der Zukunft nimmt die charismatischen Gaben vieler Laien ernster.

KATHOLISCHER MODERNISMUS ALS FALLE

Die Zukunft der Kirche liegt darin, daß sie sich auf erzkatholische Elemente besinnt. Und das ist immer eine Sache des Bodenpersonals. Jede Unsicherheit, jede versteckte Nörgelei, alles, was nicht freudigen Herzens und mit Überzeugung getan wird, merken die Menschen zum Beispiel dem Leiter des Gottesdienstes sofort an. – Und der ungeheure Druck der Mitbrüder und Kollegen in Richtung Modernismus ist eine einzige große Mobbing-Veranstaltung. Denn wer will schon gerne als reaktionär verschrieen sein, wo doch modern sein alles ist. Das ist geradezu die Definition eines Theologen: Ein Zeitgenosse, der immer versucht, auf den letzten Wagen des Zuges der Modernität noch aufzuspringen – und die Lokomotive ist doch oft schon ganz woanders. Das Verb »glauben« wird immer mit dem Wörtchen »noch« verbunden. Sag bloß, du glaubst noch an Jungfrauengeburt? noch an Auferstehung? Neulich hat jemand vorgeschlagen, die Botschaft von Jesu Kreuz und Auferstehung müsse unbedingt modernisiert werden. Soll also Jesus an Schlaftabletten gestorben sein?

Es gibt Dinge, die so altmodisch sind, daß sie schon wieder modern sind. Und zur katholischen Religion gehören eben Weihrauch und Prozession, Wallfahrt und Marienfest, Rosenkranz und Priesterkleidung auf der Straße. Die evangelischen Brüder und Schwestern entdecken jetzt alles das wieder, was wir haufenweise zum Fenster hinauswerfen.

Treue zur Identität bedeutet nicht starre Geschichtslosigkeit, sondern ist auch die Fähigkeit zu unterscheiden zwischen *Standbein* und *Spielbein*, zwischen Grundsatztreue und Seelsorge. Aber das, was in der Gegenwart geschieht, ist nicht irgendein notwendiger Wandel, da würden die Leute nicht austreten, sondern Selbstsäkularisierung und Selbstbanalisierung, der Verlust des *Charakters als Religion*. Und zur Religion gehören Kult und Mystik, Schönheit und Askese, Mönchtum und Beten, Kultsprache und liturgische Gewänder, Gottesdienst feiern können. Warum ich da so konservativ bin? Weil trinitarischer Glaube ultimative, unüberholbare Präsenz des Heiligen Geistes bedeutet. Oder um mit dem Protevangelium des Jakobus zu sprechen: Als Jesus geboren wurde, als Gott in die Welt eintrat, hielt die Schöpfung den Atem an. So ist das, wenn der Himmel die Erde küßt, eine märchenhafte Zeitlosigkeit. Hier gilt: Von der (byzantinischen) Orthodoxie lernen heißt überleben lernen.

INTERKONFESSIONALITÄT UND INTERRELIGIOSITÄT ALS FALLEN

Die Kirche der Zukunft wird auch über die Frage Klarheit gewinnen müssen, ob sie sich als Konfession unter anderen versteht oder als Kirche Jesu Christi. An der innerlich fast vollständig protestantisierten katholischen Kirche der Schweiz kann man gut erkennen, wohin es in der Praxis führt, wenn Ökumenismus zur Falle wird, wenn er auf Dauer nur das gemeinsame Minimum zuläßt. Und das sind meist dürre Formeln, aber nicht ein Leben aus dem vollen.

Man kann der Meinung sein, das zentrale Problem der Zukunft sei das Verhältnis der Kirche zu anderen nichtkatholischen Christen und zu anderen Religionen. Viele setzen hier auf Formelkompromisse oder das Projekt Weltethos. Ich halte beides für illusionär, für Konstruktionen im dritten Himmel. Katholiken pflegen hier anderen jeweils mehr als genug entgegenzukommen, aus Minderwertigkeitsgefühl und schlechtem Gewissen.

So entsteht der Eindruck, sie würden sich eines Tages auch bei der Interkommunion über den Tisch ziehen lassen und auf die Wahl des nächsten Papstes vielleicht anständigerweise überhaupt verzichten.

Aus dem Neuen Testament sind ähnliche Krisensituationen der frühen Kirche bekannt. In allen diesen Situationen hat sich die Kirche vor Schaden bewahrt, indem sie sich am Judentum orientiert hat. Das heißt auf deutsch: Verschleudert nicht eure Identität, ihr könnt nur liebevoll mit anderen reden, wenn ihr eure eigenen Schätze für kostbar haltet. Es gibt einen berechtigten Hochmut des Glaubens, und es gibt einen legitimen Stolz, zu einer Kirche zu gehören, die noch immer die Kirche der großen Heiligen ist.

EINE MISSIONARISCHE KIRCHE

Wenn Mission zum Erliegen kommt, ist das ganz bedenklich. Damit meine ich nicht Bekämpfung ehrwürdiger Religionen, sondern zum

Beispiel Nord- und Ostdeutschland. Zwanzig Prozent Christen in Hamburg-Altona, zwölf Prozent in Magdeburg. Deutschland ist Missionsland. Die Esoteriker und Neobuddhisten haben den großen Zulauf, weil die Menschen dort Spiritualität suchen, die sie in der Kirche nicht finden. Das muß man sich vorstellen: In der Kirche, die Theresa von Avila und Franz von Assisi hervorgebracht hat. Ich kann da nur wieder auf den galoppierenden Rationalismus der Theologen verweisen. Die Quittung liegt längst vor.

20. *Religionspädagogik in Deutschland*

I. Der Fall Hasenhüttl

Gotthold Hasenhüttl ist seit 1974 Professor für katholische Dogmatik in Saarbrücken. Als 1963 – damals war er gerade dreißig Jahre alt – seine Dissertation »Der Glaubensvollzug« erschien, war das wie ein Hauch ökumenischen Frühlings. Der berühmte Marburger Protestant Rudolf Bultmann hatte zu dieser römischen Dissertation ein Vorwort geschrieben, in dem er fast vollständige Einheit in den Auffassungen über den Glauben bescheinigte. Wenn man in der zentralen Frage des Glaubens schon so nahe beieinander war, dann schien die Einheit der Christen zum Greifen nahe. Nur daß alles, aber auch alles so glatt aufging, das habe ich in meinem damaligen Exemplar mit ein paar Fragezeichen am Rand vermerkt.

Nun sind fast vierzig Jahre vergangen. Die Hermeneutik Bultmanns bestimmt noch immer die deutsche Szene, auch die katholische – wenn auch durch das Lebenswerk des katholischen Altmeisters Rudolf Schnackenburg gefiltert und schaumgebremst, aber zum Beispiel in seinen Schülern Joachim Gnilka und Hans-Josef Klauck so noch direkt zugänglich. Immerhin hatte Bultmann auch Schnakkenburgs Kommentar zu den Johannesbriefen stürmisch begrüßt. Hasenhüttl ist nun in jeder erdenklichen Hinsicht bei Bultmann geblieben. Sein Lebenswerk besteht darin, den Ansatz der Entmythologisierung ohne Abstriche auf die katholische Dogmatik anzuwenden. Was dabei dann herausgekommen ist, kann man schon auf dem Titelblatt seiner zweibändigen Dogmatik erkennen: ein »Glaube ohne

Mythos«. Sinnigerweise hat der Verlag diesen zum Frösteln anregenden Titel mit einem stark mythischen Cover-Bild unterlegt: eine in rotem Gewölk unter- oder aufgehende Sonne. Der Mythos ist tot, es lebe der Mythos? Ob der grundlegende Mangel des gelehrten Werkes darin besteht, die mythische Struktur des eigenen Ansatzes verkannt zu haben? Dann müßte das Buch wohl heißen: »Katholischer Glaube im Mythos der Marburger Schule«.

SCHLUSS MIT DEM GEBETS-GETUE!

Der Autor pflegt einen »erfahrungsbetonten« Ansatz. Das heißt: Der Maßstab für alles ist eine sinnvolle menschliche Existenz und eigentlich deren dialogische Struktur. Daher geht es bei Offenbarung und Wahrheit nicht um bestimmte Inhalte, sondern eigentlich nur darum, daß man »im Gespräch bleibt«, theologischer Genscherismus, wenn man so will. Daß dabei alle liebgewordenen Konkretionen der Bibel und des kirchlichen Lebens auf ein »veraltetes Weltbild« geschoben werden, war zu erwarten. Der staunende Leser erfährt: »Wenn Jesus nie gelebt hätte«, würde sich nichts ändern. An der historischen Existenz Jesu liegt vielmehr gar nichts. »Was wirklich historisch an Jesu Leben und Lehre ist, interessiert letztlich nicht.« Denn nur wenn Glaube Heldenverehrung wäre, könnte das historische Faktum für ihn konstitutiv sein. Darum gehe es vielmehr: Befreiung von fixierter Lehre und von jeder Art göttlicher und kirchlicher Autorität.

Wenn es konkret wird, dann sind die Ereignisse der Evangelien schlicht nicht gewesen: Jesus hat kein Abendmahl gefeiert, er hat keine Kirche gegründet, ja Religion ist für ihn bedeutungslos. Denn nirgendwo heißt es im Neuen Testament: »Seid religiös!« Vom Gebet sagt der Autor: Gott oder Jesus ist kein Gegenüber. Deshalb ist Beten nicht mehr und nicht weniger als »Leben im Bereich Gottes«. Im Gegensatz zu Bultmann, von dem glaubwürdig überliefert wird, er habe sich an die Sitte des Tischgebets gehalten, ist Hasenhüttl konsequent: traditionelles Beten wäre ein mythologisches Getue. Gebet dagegen als Lebensvollzug, das ist auf besondere Weise alles und gar nichts. Was Gott anbelangt, so sieht es bei Hasenhüttl nicht günstiger aus: Gott ist das (!) Gute und Mächtige, das den Menschen über sich hinaushebt. Wo und wann geschieht das? Antwort: Gott ist ein Ereignis. Er ist weder Gegenüber noch Begründung einer Beziehung, sondern Beziehung selbst. In der Beziehung zum geringsten Menschen ist Gott offenbar. Gottes Wirklichkeit geht darin auf, Bestimmung des Menschseins zu sein.

Und schließlich Auferstehung: Natürlich ist sie nach Hasenhüttl kein historisches Ereignis, nur ein Bild für die Gesinnungsänderung der Jünger. Sie haben sich umorientiert. Leeres Grab? Alles junge Texte! Künftige Auferstehung der Toten? Keine verklärten Menschen, sondern die »Einheit von Sein und Haben« in der Menschheit, vielleicht »Verbesserung der Verhältnisse«. Nach der Jungfräulichkeit Mariens fragen wir lieber gar nicht erst. Sie besagt nur etwas über die »ganzheitliche Bedeutung dieses Kindes für mich«. Die Wiederkunft Christi wird natürlich auch ausfallen. An dieser Stelle entmythologisiert Hasenhüttl die Vorstellung vom Weltende so: Der Selbstvollzug des Menschen sei niemals »Mache« des Menschen, sondern Geschenk. Wiederholt wird behauptet, geweihte Priester gebe es erst seit dem fünften Jahrhundert. Und wie ist das mit der Handauflegung gegenüber Presbytern nach 1. Timotheus 5,22?

Alles dieses ist keineswegs neu. Aber wer fürderhin behauptet, in der katholischen Kirche herrsche irgendeine Art von Glaubenszwang oder Bindung an das Lehramt, der wird sich nach der Lektüre dieser beiden freigeistigen Bände die Augen reiben. Es ist wahr: Ohne jede Beanstandung bildet dieser Dogmatiker seit dreißig Jahren katholische Religionslehrer aus. Jede denunziatorische Absicht liegt mir fern. Schließlich kann jedermann diese Bücher lesen. Ich frage mich nur, wie so etwas – historisch gesehen – werden konnte und welche Folgen es hatte und hat. Die eine Voraussetzung ist, daß hier der Dogmatiker Ergebnisse der liberalen protestantischen Exegese blindlings als das Wort Gottes selbst übernimmt und – anders als bei den Aussagen der eigenen Kirche – nicht den leisesten Versuch der kritischen Durchdringung unternimmt. Er glaubt einfach, der Evangelist Johannes habe keinerlei Interesse am historischen Jesus. Weshalb dieser wohl dann ein Evangelium geschrieben hat? Hasenhüttl deutet die Theorie Wredes über das Messiasgeheimnis, als wäre es die Wahrheit selbst: Erst nach seinem Tod sei Jesus als Messias verstehbar gewesen. Und er glaubt einfach, für das Johannes-Evangelium sei Kreuzigung gleich Auferstehung, weil er die neuere Diskussion zum Thema

»Erhöhung« (nur die Kreuzigung!) nach Bultmann nicht gelesen hat. Er glaubt einfach, die Berichte über das leere Grab seien insgesamt spät, ohne Argumente zu nennen und ohne zu beachten, daß in den vier Evangelien die Passionsgeschichten alle sehr alt sind, und daß das Fehlen des leeren Grabes bei Paulus nichts besagt. Schließlich zitiert Paulus auch das Vaterunser nicht. Zum anderen zeigt Hasenhüttl ein Verständnis vom Wert der Historie, das schon der Bultmann-Schüler Günther Bornkamm in Heidelberg (nebst Schülern) seit 1948 sukzessive überwunden hat. Er übersieht, daß eine solche Mißachtung der Historie bei Bultmann selbst dogmatische und philosophische Gründe hatte, jedenfalls nicht exegetische.

WO GEHT'S HIER ZUR VERKRUSTUNG?

Wer bei den biblischen Berichten so mit der Historie umgeht, muß es beim Kirchenverständnis büßen. Statt Kirche kennt Hasenhüttl nur die herrschaftsfreie Liebesbeziehung. Solche Theorien vom Ende des neunzehnten Jahrhunderts (Rudolf Sohm) mögen heute in Saarbrükken, weitab vom Schuß, noch vor sich hin gedeihen, doch schon etwas weiter östlich, zum Beispiel in Mainz, würde man den Autor hier Mores lehren. Nicht das ist ärgerlich, daß hier ein veralteter hermeneutischer Ansatz mit modischer antikirchlicher innerkatholischer Polemik gewürzt wird (»Verkrustungen«, »kirchlicher Mißbrauch«, »Ballast dogmatischer Mythenbildung«), sondern vor allem dieses: In letzter Konsequenz ist Christentum hier eine vernunftgeleitete Humanität geworden. Der Autor hat ganz recht: Dazu brauche ich keinen biblischen Gott, keine Auferstehung, kein Gebet und keine Kirche. Die Selbstbanalisierung des Christentums hat ihre Talsohle erreicht.

Ich möchte angesichts dieses Werkes und seiner Thesen nur wiederholen, was ich für die deutsche Szene katholischer Universitätstheologie insgesamt meine: In der Theologie stimmt das meiste nicht. So kann man im Rückblick sagen: Der Kontakt katholischer Theologie mit der liberalen Exegese und Hermeneutik war notwendig und lehrreich. Doch er führte zu einer völlig unkritischen Übernahme der Ergebnisse und damit zu einem tendenziellen Ausverkauf. So konnte Kircheneinheit nicht gelingen. Viel stärker hätte es einer niveauvollen grundsätzlichen Kritik und eines entsprechenden Selbstbewußtseins bedurft. Genuin katholische Kategorien wie Mystik und Geschichte (meinetwegen selbst noch nach dem Verständnis Reinhold Schneiders) wurden einfach untergepflügt. Das Ende waren die schleichende Protestantisierung der katholischen Kirche und ein ökumenischer Scherbenhaufen, denn auf Dauer paßt eben liberaler Protestantismus nicht so einfach zum katholischen Erbe. Und zur Bibel schon gar nicht. Man kann nur auf eine kommende Generation hoffen, die Dialog nicht mit geistiger Selbstentleerung verwechselt.

II. Der Fall Halbfas

»Das Christentum« lautet der vollkommen bescheidene Titel eines 591 Seiten starken Prachtbandes aus der alleinigen Feder des bekannten katholischen Religionspädagogen Hubertus Halbfas. Das Werk ist in Sachkapitel gegliedert, die jeweils die ganze Geschichte eines Themas im Laufe der Kirchenhistorie beschreiben. Also nach den »Anfängen« dann etwa »Kirche und Staat«, »Juden«, »Krieg«, »Ketzer«, »Frauen« und neun andere Themen. Dazu gibt es thematische Exkurse. Da Halbfas didaktisch begabt ist, hat er den Band reich bebildert, oft mehrfarbig, häufig auch mit Fotos und Zeugnissen moderner Kunst. Der Text wird unterteilt durch eine ganze Kette von Originalzitaten. Ein Drittel jeder Seite nehmen zusätzliche Zitate am Rande ein. So ist das Gesamtwerk ein Text- und Bilderbuch zur Kirchengeschichte, ergänzt um die Reminiszenzen und Aktualisierungen dieses Religionslehrers. Nebenbei bemerkt: Die Herstellungskosten des Werkes müssen immens gewesen sein, und so scheint denn auch der Verlag damit zu rechnen, daß dieses Werk zum Standardwerk des Religionsunterrichtes und tendenziell zum einzigen Buch in diesem Fach wird.

Um so wichtiger ist es zu wissen, was die Botschaft dieses Buches ist, also seine sehr spezielle Tendenz. Da der Verfasser das nicht zu erkennen gibt und der Laie meinen könnte, die Botschaft sei eben »das Christentum«, sieht sich der Rezensent veranlaßt, den Beipackzettel zu schreiben. Die Adressaten sind (siehe Abbildungen) sinnenfreudige Religionslehrer und -lehrerinnen. Soweit das Positive. Wenn der Eindruck nicht täuscht, wird deren »intendiertes Alter« auf »kurz über 70« anzusetzen sein, also dem des Autors entsprechend, Menschen demnach, die in der Mitte ihres Lebens »das Konzil« erlebt haben, Menschen, denen Seite um Seite eingehämmert werden muß, was sie vielleicht noch nicht mitbekommen haben, was »correctness« ist in unserem Land, also daß kirchliche Hierarchie schädlich ist und Feminismus samt Frauenpriestertum (man sagt jetzt »Presbyterin«) wünschenswert, und natürlich ist Transsubstantiation »out«, statt dessen wird sogar Otto Kuss mit seinem Spätwerk bemüht, wonach moderne Katholiken sich in dieser haarigen Sache an Calvin hielten. John Henry Newman gibt es nicht, der »Kulturphilosoph« Josef Nolte wird statt dessen mehrfach zitiert. Apokalyptik gibt es nicht, aber in das Kapitel Kirche und Staat hätte sie schon hineingehört, etwa Apk 13, wonach die römische Obrigkeit vom Teufel ist, und dies in Kontrast zu Röm 13, wonach Gott sie eingesetzt hat. – Und natürlich ist Halbfas gegen den Zölibat, er erklärt sogar, das Kirchenvolk nehme den Zölibatsbruch hin. Aber gewiß ist er für Albert Schweitzer und Martin Luther King. Und wen wundert es, daß die tapfere Missionarin und Märtyrerin Thekla bei Halbfas unter der Hand zur Apostolin wird. Keine Quelle nennt sie so, aber es ist absolut »trendy«, so die nächste Generation Religionsunterricht zu beeinflussen. Und gewiß ist es richtig, gegen Diskriminierung von Juden, Frauen und Hexen zu eifern und dazu gegen Kriegspredigten von Feldbischöfen. Aber ich melde gehorsam, daß ich das alles seit 40 Jahren verstanden habe. Und daß man es jede Woche in Fernsehen sieht und hört. Tragischerweise war es wohl auch das, weshalb meine Kinder klagten: »Reli ist soo langweilig«. Viele Kinder haben sich daraufhin vom Religionsunterricht ab- und für »Philosophie« angemeldet, denn dort wurden Themen wie Sünde und Gnade, Schöpfung und Kreuz erörtert. Wenn das Buch gut ankommt, wird sich diese Art Religionsunterricht noch jahrzehntelang fortsetzen. Verglichen mit den gewaltigen Themen von Schöpfung und Erlösung läuft das Buch von Halbfas auf der moralisierenden Betroffenheitsschiene. Denn das kann man kirchenpolitisch ausschlachten. Vom Sühnetod Jesu habe ich gar nichts gefunden.

Saftige Kirchenpolitik wird auch betrieben, wenn Jesu letztes Mahl stets von Jesu »offenen Tischgemeinschaften« her gesehen wird. Doch bei den offenen missionarischen Mahlzeiten gab es weder Deuteworte noch den Zwölferkreis, noch wurde der Neue Bund geschlossen und wesentlich damit Kirche als Institution gegründet.

Wäre das Buch 1962 geschrieben, ich hätte es vermutlich froher beurteilt, damals mit 21. Aber nach 40 Jahren sind diese Ansichten nicht mehr taufrisch, sondern auf höchst provinzielle Weise altmodisch. Wer wird es denn Halbfas wirklich abnehmen, wenn er es als neuestes exegetisches Ergebnis aus Österreich vorstellt (das man natürlich unbedingt glauben muß), Jesus habe mit »Das ist mein Leib« nicht das Brot gemeint, sondern die versammelte Gemeinschaft der Jünger? Natürlich kann man das meinen; man kann ja auch so Auto fahren, daß es im Getriebe kracht. Formgeschichtlich gesehen liegt hier wohl kaum bestreitbar die Gattung der Deuteworte vor, mit denen derjenige, der eine präsente Materie erklärt, dazu sagt: »Dies ist...«, wie weiland Moses in 2. Mose 24,8 »Dies ist das Blut des Bundes...« oder in jüdischen Texten »Diese Honigwabe ist der Geist des Lebens...«. Nun, es muß nicht jeder alles aus der Formgeschichte wissen, aber natürlich hat diese Einsicht aus Österreich für Halbfas und sein Publikum kirchenpolitische Brisanz. So geht es immer wieder in diesem Buch, und für die Leserschaft jenseits der 70 ist es noch immer höchst aufregend, wenn ein katholischer Theologe erklärt, die Kirche habe fast zweitausend Jahre bis eben jetzt im Dunkeln getappt. Felsenfest verkündet Halbfas den »Konsens der historisch-kritischen Exegese«, erklärt ihn zur neuen, unfehlbaren Norm. Ich gebe gerne zu: Ein Teil meines Lebenskampfes besteht darin, vor allem katholischen Theologen, auch wenn sie aus der Schweiz kommen oder Kardinal sind, die Entmythologisierung der Exegese zur Pflichtaufgabe zu machen. Wir Exegeten sollten bescheidener sein. Oder anders gesagt: Kirchenpolitik mit einem für den Schlußverkauf reduzierten Jesus in der Hand ist ein Aberwitz Bei Halbfas ist dieser Glaube an die neue (und doch eben schon wieder völlig veraltete) Unfehlbarkeit der Exegese so weit gediehen, daß er gegen Ende seines Buches lapidar erklären kann: »Jesus hat sich weder als ›Messias‹ noch als ›Sohn Gottes‹ verstanden.« Soweit ist es mit der Autorität, die vergötterte Exegese nebst Halbfas haben, gekommen, daß man derartige Sätze gar nicht mehr begründen muß. In allen Evangelien steht es umgekehrt zu lesen, doch man glaubt einfach den Exegeten mehr als den Texten. Ganz gewiß hat für Halbfas Jesus auch keine

Toten erweckt, ist er nicht auf dem Wasser gegangen, hat er nicht Wasser zu Wein gewandelt. Wer das doch glaubt, ist vermutlich – aus der Sicht von Halbfas – total im Rückstand und hat das kopernikanische Weltbild noch nicht kapiert. Man müsse – wegen der Exegese – bei Jesus als einem schlichten Juden neu beginnen. Das mit dem Juden Jesus finde ich sehr richtig, aber gerade das Judentum redete von Menschen als »Sohn Gottes«. Und die Idee mit der Schechina, die in Jesus gewohnt habe und so die Dogmatik an das Judentum zurückbinde, halte ich deshalb für verfehlt, weil die Schechina überall in der Welt zu finden und keine Person (auch nicht im biblischen Sinne) ist. Und seit wann darf sich christlicher Glaube nicht mehr vom Judentum unterscheiden?

Mit dem Mann aus der Schweiz in Tübingen kämpft Halbfas noch immer den Kampf der sechziger Jahre gegen die Hellenisierung des Christentums. Doch längst weiß man, daß das Judentum zur Zeit Jesu schon 250 Jahre lang hellenisiert war. Und was, wenn Jesus überhaupt und hauptsächlich griechisch gesprochen hat, wie es die vier Evangelien und die Ausgrabungen von Sephoris, 7 km von Nazaret entfernt, nahelegen? – Die grundsätzliche Abqualifizierung von Dogma und Dogmengeschichte, die Halbfas vornimmt, wird sich bitter rächen: Die Fragen, die sie erörtert hat, waren nicht zufällig, und die Antworten sind filigrane Arbeiten großer Geister. Da können wir alle miteinander uns nur verstecken. Und müssen wir denn wirklich alle Fragen von neuem erörtern? Nicht das griechische Denken – das es so gar nicht gibt – ist das Unglück, sondern unsere mangelnde Fähigkeit zu übersetzen. Aber dafür muß man erst die alten Texte verstehen (wollen). Halbfas erweckt gerade diesen Eindruck nicht unbedingt. – Wie soll es weitergehen mit dem Christentum nach Halbfas? Die Idee mit dem Kloster auf Zeit nehme ich gerne auf. Die Behauptung indes, die tragfähige Basis für die Erneuerung der Kirche bestehe darin, »die exegetischen Befunde« an die Gemeinden zu vermitteln, bedeutet angesichts von deren Relativität und Fragilität nichts anderes als die Kirche auf zufälligen Einsichten und subjektiven Thesen bauen zu wollen. Im Beipackzettel stünde das unter »Nebenwirkungen«: Achtung! Treibsand!

III. Theologie in Deutschland

21. Menschliche Rede von Gott
Identitätsängste der Theologie

Theologie ist in Deutschland sowohl in dem Mangel an Theorie als auch in der Praxisferne – beides bedingt einander – ein ganz übermäßig konservatives Unternehmen. Bringt nicht gerade jene Theologie am meisten für die Praxis, die ernsthaft, mutig, originell und wirklich verstehbar ist? Allzu oft wird das Frageniveau der »Gläubigen« unterschätzt. Zudem leiden Theologen, evangelische traditionell und katholische seit dem Zweiten Vaticanum, oft unter ererbten Identitätsschwierigkeiten. Die erste dieser Identitätsängste betrifft das Verhältnis von Christentum und Judentum; im Hintergrund steht dabei das seit Beginn der wissenschaftlichen Bibelauslegung unhaltbar kritische Verhältnis zwischen Altem und Neuem Testament. In der neuerlichen Erinnerung an den Holocaust verband sich das ererbte theologische Problem mit der Last des moralischen. Das führte zu einer grundsätzlichen Befragung des christlichen Antijudaismus sowohl in der Kirchengeschichte als auch bereits im Neuen Testament selbst.

Eng damit verknüpft ist eine zweite ungeklärte Frage, nämlich die nach dem Verhältnis von Christentum und Geschichte. Denn wenn Christentum immer nur Schuld produziert und Kirche fortwährend mitschuldig wird, bleibt kaum eine andere Konsequenz, als ebendiese Geschichte und was sie an Tradition, Institution und Frömmigkeitsformen gebracht hat, in Gedanken durchzustreichen. Die überall problematische Situation des Faches »Kirchengeschichte« weist auf diese Grundfrage. Aber betroffen ist davon das gesamte Verhältnis zur Kirche. Wie kann man zu eigener kirchlicher Identität stehen, wenn sie doch nur Finsternis ist? Es fehlt das systematische Konzept einer christlichen Theorie von Geschichte.

In einem kritischen Stadium ist auch die hochgelobte Interdisziplinarität. Denn allzu oft wird dabei die Frage danach, worin das eigene Theologe-Sein bestehen kann, nur verdeckt. Es überwiegt eine nichtreflektierte Unterscheidungslosigkeit – auch wenn das, was den Theologen auszeichnet, sicher nicht irgendein »Mehr« sein kann. Angesichts der Beliebtheit, deren sich bei Theologen besonders die Psychologie erfreut, entsteht zwangsläufig die Frage, warum man dann nicht ehrlicherweise gleich Psychologe wird.

Es könnte sein, daß diese Identitätszweifel angesichts der modernen Humanwissenschaften mit den beiden hier zuerst genannten zusammenhängen, das heißt mit der Frage kirchlicher Identität. Könnte nicht Theologie dadurch Theologie sein, daß sie mit den Mitteln und Methoden verschiedenster Wissenschaften (die sie ohne jeden Abstrich gebrauchen sollte) »auf Kirche hin orientiert ist«, das heißt deren Grundlagen und Werden schonungslos darstellt, deren Fragen aufnimmt und deren Verhalten und Inkonsequenzen analysiert und durchsichtig macht? So könnte Theologie sie selbst sein durch ihre Funktion als Gesprächspartnerin der Kirche in kritischer Sympathie.

Denn Theologen haben zwar seit 1968 eine kräftige Portion Soziologie rezipiert und analysieren vielerlei Dinge auf soziologische Weise – doch daß Kirche selbst ein soziologisches Grunddatum des Christentums ist, ist den wenigsten dabei aufgefallen. Der Grund dafür liegt einerseits in der genannten ungeklärten Frage, wie Sünde und Schuld sich zur Institution Kirche verhalten (und zum daraus abgeleiteten moralischen Kritikpotential). Zum anderen aber liegt der Grund darin, daß sich diese Institution in umfassendem Maße in Opposition zur Kirche wußte, so daß man dem theologischen Sinn der Institution nichts abgewinnen konnte. Dabei wäre aber gerade bei einem kritischen Verhältnis zur Kirche eine Theologie der Kirche notwendig – vom ökumenischen Dialog ganz abgesehen.

Schließlich ist es eine die Identität des Theologen stark berührende Frage, ob er als wissenschaftlicher Theologe so etwas wie ein Pfarrer oder Prediger sei, der das, was er vorträgt, stets als persönliches Glaubens- und Sittenbekenntnis meint und meinen soll. Diese Frage ist auch in der Gegenwart heftig umstritten; das Modell »Wissenschaft als Verkündigung« wird vor allem von jenen gewählt, die aufgrund der Erfahrung des Dritten Reiches eine neutrale Wissenschaft für unmöglich halten und daraus die Konsequenz ziehen, Theologie müsse jederzeit Instrument ihrer Glaubensentscheidung (und auch der politischen Konsequenzen daraus) sein. Diese Auffassung äußert sich dann auch spätestens am Schluß ihrer Beiträge. In der Regel faßt man hier »Gott« direkt als Gegenstand der Theologie auf. Wer hier anders denkt und nicht Gott, sondern die menschliche Rede von Gott als Gegenstand der Theologie ansieht und Theologie und Verkündigung stärker trennen muß, hat zwar einen schweren Stand; er kann sich aber darauf berufen, daß es zwei Möglichkeiten gibt, auf einen Bibel-Text zu reagieren: Man kann ihm von vornherein glaubend zustimmen – oder man kann einfach nur (oder: auch) versuchen, ihm und seinem Autor ganz schlicht gerecht zu werden. Die praktischen Folgen dieser Unterscheidung sind erheblich, denn Theologie wird hier der Zielsetzung nach vom Bekenntnis unabhängiger und gewinnt damit möglicherweise Chancen zur Erneuerung.

Wesentlich zum Problem Kirche gehört ein weiteres zentrales Problem: der Pluralismus. Sowohl die kirchliche Wirklichkeit, auf die sich Theologie bezieht, als auch diese selbst bieten das Bild einer bunten Vielfalt von Einzelgruppen und Sonderinteressen. Aktuell sind unter sozialethischem Vorzeichen besonders die zunächst durch Übersetzungen aus Lateinamerika importierte und hier dann systemkritisch transformierte Befreiungstheologie und die feministische Theologie. Beide Ansätze finden sich gleichmäßig im katholischen und protestantischen Bereich (leicht vermehrt im katholischen Raum). Beide Richtungen sind nicht nur als emanzipatorische Ansätze zu verstehen, sondern entwickeln zunehmend auch ein hermeneutisches Programm, da man wohl bemerkt hat, daß man mit der Beschränkung auf Teilfragen nicht bestehen kann. Diese Beschränkung fällt freilich auch bei der ökologischen und der Friedenstheologie auf. Für alle diese Anregungen fehlen sowohl historisch als auch systematisch ernst zu nehmende Gesamtdarstellungen. Das ist deshalb bedauerlich, weil Kritik ohne Theorie auf Dauer nicht beeindrucken kann. Freilich ist zu fragen, ob das Verhältnis von Glaube und Politik nur mit Hilfe traditioneller Sozialethik zu bestimmen ist.

Eher schon im Zeichen der Postmoderne steht, von der katholischen Religionspädagogik her schnell Terrain gewinnend, die neue Zuwendung zu Symbolen und Symbolik. – Auch das »rechte« Spektrum hat gegenüber den vergangenen Jahrzehnten erheblich an Festigkeit und Bestimmtheit gewonnen, bis zur Stiftung eigener Wohnheime für Theologiestudenten. Hauptfeind ist die historisch-kritische Exegese (an die aber die historischen Kritiker selbst gar nicht mehr so recht glauben), und den Ausweg erblickt man in einer Bindung der

Schriftauslegung an das Bekenntnis – um den Preis jeglicher Innovation.

Mit diesen Erscheinungen, rechten wie linken, steht Theologie in Deutschland innerhalb der westlichen Welt nicht isoliert da. Denn auch weltweit steht der Beschränkung auf sozialethische Fragen ein wiederauflebender Dogmatismus gegenüber. Entscheidend für jede Art Dogmatismus ist und wird bleiben, daß man Rechtgläubigkeit an den richtigen sprachlichen Formulierungen messen will. Dogmatismus äußert sich daher in einem bestimmten Sprachverständnis.

Neben der überaus etablierten Barth-Scholastik (mit kritischer Position zur Volkskirche und zur »Gesellschaft«) erhebt schließlich zusehends auch liberale Theologie wieder das Haupt (mit der traditionellen Bejahung von Religion und Religionsgeschichte). Während es in den vergangenen zwei Jahrzehnten quer durch die Konfessionen eher um die Frage »progressiv« oder »konservativ« ging, wird heute – wiederum quer dazu – der Kampf zwischen dialektischer und liberaler Theologie mit allen Folgen der Personalpolitik geführt. Theologen gleichen oft Menschen, die vor riesigen Schätzen sitzen, aber ihre Zeit mit Fingerhakeln zubringen.

Die Postmoderne hat mit der Frage nach Gott und nach Religion auch die nach Spiritualität und Frömmigkeit wiederentdeckt. Theologie täte gut daran, darauf zu reagieren, einmal weil sie sich um ihre Grundfragen kümmern und nicht davor in die gleichermaßen durch Sprachlosigkeit gezeichneten Geschwisterphänomene der Sozialethik und des Dogmatismus ausweichen sollte; zum anderen weil sonst angesichts der besonders im Norden Deutschlands verbreiteten okkultistischen Richtungen den theologisch ausgebildeten Pfarrern bald die Augen übergehen werden.

Auch hinsichtlich der sicher fragwürdigen Beliebtheit der Archetypenlehre C.G. Jungs für die Bibelauslegung ist doch zu fragen: Warum redet Theologie so wenig von menschlicher Erfahrung angesichts der Bibel und von solcher in der Bibel, durch die Offenbarung zustande kommt? – Vor dem Hintergrund des skizzierten Pluralismus bedeutet die Feststellung dieser Defizite so etwas wie einen Wegweiser in eine Theologie der Zukunft. Wie könnte sie aussehen?

Ihr »Standbein« könnten religiöse Erfahrungen wie Hoffnung und Furcht, Scheu und Ratlosigkeit, Angerührtsein und Dankbarkeit sein, im Grunde jede menschliche Erfahrung, erfaßt auf ihren Grund und Sinn hin, aber auch ihr Ausdruck in sichtbaren Zeichen. Theologie sollte den Mut finden zu sagen, daß es dabei um Gott geht oder gehen kann, und sollte sich um die Frage nach dem Verhältnis zwischen Gott und menschlicher Erfahrung kümmern. Ich nenne diesen Themenbereich »Standbein«, da es sich hier um sehr alte Phänomene und auch um Schätze geistlicher Erfahrung handelt, die allerdings in einer Alltagssprache zu erfassen wären, der man die Herkunft aus der dünnbesetzten Kirche nicht anmerkt. Ich spreche hier von Standbein, weil die Theologie in diesem Feld (etwa in Fragen der Liturgie) wahrscheinlich konservativ sein muß. Es geht ja um die geistliche Heimat von Menschen und nicht um irgendeine Erfahrung. Es geht auch um alles, was die gewordene Welt der Zeichen des Glaubens ausmacht, auch um Wahrnehmung außerkirchlicher Spiritualität. Die Formen der Frömmigkeit kurzlebigem Ökumenismus zu opfern wäre Unsinn, weil unwiederbringlicher Verlust des Standbeins.

Das »Spielbein« der Theologie könnten die ethischen Entscheidungen sein, auf die die Theologie überhaupt nicht konservativ reagieren darf, sondern angesichts der Ungerechtigkeit in der Welt mit Leidenschaft und Sachkenntnis helfen muß, bessere Wege zu finden. Dabei käme es auch auf Mut zu Kasuistik an, damit es schon dem Theologiestudenten erschwert wird, im Verbalradikalismus zu verharren.

Während nun im Bereich des »Standbeins« die Vielzahl gewordener Theologien zu achten ist – das gilt auch gegenüber werdenden Theologien der Dritten Welt –, kann es im Bereich der ethischen Theologie einen solchen Pluralismus naturgemäß nur in viel geringerem Maße geben. Denn Kirche ist nicht eine »unmögliche« Gesellschaft, in der jeder tun und lassen könnte, was er will. Das bedeutet freilich nicht den Verzicht auf die Forderung, solche Normen müßten plausibel sein – im Gegenteil.

In diesem Modell spiegeln sich beide für die Gegenwart typischen theologischen Richtungen; durch den Versuch einer Aufteilung auf verschiedene Wirkungsfelder könnte der besondere Gewinn, den jede dieser Richtungen zu bieten vermag, wirksam werden. Während in der Betonung der sozialethischen Linie katholische Befreiungstheologie und die Sozialethik der reformierten Theologie berücksichtigt werden, wäre im Bereich von Spiritualität der griechisch-orthodoxen, mittelalterlich-katholischen und lutherischen Frömmigkeit das Überleben zu gewähren. Denn möglicherweise ist das entscheidende Problem des »Glaubens« (sieht man vom »Handeln« einmal ab) nicht mehr das Verhältnis zwischen Naturwissenschaft und Glaube, sondern die Frage, ob Menschen noch Formen bewahren oder finden können, um ihre Sprach- und Ratlosigkeit angesichts der entscheidenderen Fragen des Lebens zu überwinden. Daß der Bereich der Ethik in den der Spiritualität wirken könnte, ist nicht auszuschließen, sondern zwangsläufig. Eine wichtige Brücke zwischen beiden Bereichen ist die Wahrnehmung und theologische Erfassung des Leidens aller Kreaturen. Die Theologie der Zukunft könnte dann eine sein, die zu ihrem geistlichen Thema stünde und etwa auf die Frage nach der Auferstehung nicht nur mit Schweigen oder Formeln antwortet (Theologie der Zukunft wird daher auch religiöse Erfahrung und Mystik zum Thema machen), und eine, die jeden notwendig gewordenen ethischen Kompromiß mit der Radikalität etwa der Bergpredigt immer wieder konfrontiert und in Frage stellt.

22. *Das kranke Herz der Theologie*

Daß fast niemand mehr Theologie studieren will, betrifft mittlerweile in gleichem Maße wie die Katholiken auch die Protestanten in Deutschland. Weder Zölibat noch Papsttum sind daher die Gründe für den erschreckenden Rückgang der Berufungen. Man muß viele Ursachen nennen. Aber im Kern stimmt etwas mit der Theologie selbst nicht, und die Ursachen sind die weitgehende Verdrängung von Seelsorge durch Psychologie und die schwer wiegende Erkrankung des Herzens der Theologie, der Exegese des Neuen Testaments. Denn sie müßte den Zugang zu Jesus schaffen, doch zumeist zerstört sie ohne Hoffnung auf Rückkehr den Glauben. Nichts liegt mir ferner, als mein eigenes Fach schlecht zu reden oder den eigenen Weg als Allheilmittel anzupreisen. Doch seit meinem zweiten Semester und seit 28 Jahren Lehre im Neuen Testament in einem der Zentren evangelischen Glaubens in Heidelberg, bewegt diese Frage mein Herz sozusagen Tag und Nacht, und ich glaube zu wissen, wovon ich rede.

Man hat die Humanwissenschaften der Exegese vorgeschaltet.

Das Ergebnis war vernichtend. Für das Verständnis der Schrift wie für die Kirche insgesamt.

Nur ein paar Beispiele: Laut einer Umfrage des evangelischen Praktischen Theologen Klaus Peter Jörns in Berlin glauben rund dreißig Prozent der evangelischen Pfarrer nicht an die Auferstehung Jesu. Nach dem allgemein für das Erste Theologische Examen überall in Deutschland gebräuchlichen Lehrbuch von Hans Conzelmann und Andreas Lindemann stammen weder das Vaterunser noch die Bergpredigt von Jesus; weder hat er Abendmahl gefeiert noch die Kirche gestiftet, noch ist er auferstanden. Weder war das Grab leer noch ist Jesus vom Heiligen Geist empfangen. Von Jesus weiß man fast nichts, vielleicht sind acht, vielleicht drei oder fünfzehn Jesusworte »echt«, und das Urteil darüber ist je nach Professor unterschiedlich. Conzelmann, der anerkannte Mitautor dieses Buches, hatte gesagt: »Die Volkskirche lebt davon, daß man ihr die Ergebnisse der kritischen Jesusforschung vorenthält.«

Ich bekenne ausdrücklich, daß ich diese Forschung nicht verteufele. Die Methoden der Textgeschichte und der Geschichtsforschung der Religionsgeschichte, der Gattungsforschung, der Sozial- und Wirkungsgeschichte, die vielen Methoden der Texterschließung bis hin zur Rhetorikforschung – all das ist legitim und dahinter führt kein Schritt zurück. Auch Fundamentalismus im Sinne von Verbalexegese ist kein Ausweg, sondern ein nur besonders verzweifelter Rückweg.

LEUGNUNG DER WUNDER: EIN WELTANSCHAULICHES DIKTAT

Für unhaltbar halte ich allerdings eine Reihe von Grenzüberschreitungen in der liberalen Forschung: Die Kriterien für die angebliche Echtheit oder Unechtheit von Jesusworten können nicht überzeugen. Die Erklärung, das Johannes-Evangelium sei historisch wertlos, ist bodenlos. Die Leugnung der Wunder inklusive Auferweckung des Lazarus und der Empfängnis und Auferstehung Jesu ist nichts weiter als ein modernes weltanschauliches Diktat. Die Leugnung der Stiftung von Sakramenten und Kirche ist nur ein Zirkelschluß, zudem begünstigt durch fragwürdigen Konfessionalismus. Die Behauptung des Ostergrabens, also: Jesus sei nur ein einfacher Mensch gewesen und erst nach Ostern habe man Dogmen über ihn gebildet, ist ein plattes Postulat und übersieht, daß es keinen Text im Neuen Testament gibt, der die Erkenntnis dessen, was Jesus ist, überhaupt auf Ostern zurückführt – sieht man von Paulus ab. Dazu kommt ein gehöriges Maß von impliziter Judenfeindschaft, die noch immer in den Köpfen geistert, etwa: Der Gott Jesu sei ein Gott der Liebe im Unterschied zum Alten Testament; Jesus habe zuerst ein persönliches Gottesverhältnis und religiösen Individualismus (statt Kirche) eingeführt und so weiter.

Wie kam es zum gegenwärtigen Stand? Die Exegese hat sich grundsätzlich eine Hermeneutik des Verdachts angewöhnt, als müsse man bei jedem Text davon ausgehen, daß er die Wirklichkeit auf den Kopf stelle, daß er also aus ideologischen Gründen zusammengesponnen sei. Ich bevorzuge statt dessen die andere Fragerichtung: Ist es nicht so, daß ein Text uns nötigt, unsere Vorurteile und Ausflüchte gründlich zu überprüfen? Will er nicht unsere Ideologien in Frage stellen? Man sollte den Text nicht zuallererst für ein tendenziöses Produkt urchristlicher Kirchenparteien halten, sondern in die Tiefe gehen und fragen, was er über Gott zu sagen hat.

Noch einmal: Wo liegen die Ursachen für diese Grundhaltung? Das Herz der Theologie ist deshalb krank, weil man der Gottesfrage, die jeder Text stellt, ausgewichen ist und das Heil stets in der Deutung des Textes durch sachfremde Kriterien und Maßstäbe gesehen hat. Immer mußte und muß es das Fremdartige sein, das dem Text übergestülpt wird und ihn zu einer modern scheinenden Aussage zwingen will.

DAS FREMDE WIRD ALS NEUER HEILSWEG ANGEHIMMELT

Diese Methode hat in der gesamten Kirche Schule gemacht. Zur Reform der Kirche führt man Unternehmensberatung und Marktforschung ein – und wundert sich, daß diese am Ende sagen, man solle sich auf die Kernaufgabe konzentrieren. Das hätte man auch vorher wissen können. In der Seelsorge finde ich haufenweise Hobby-Psychologen – statt daß man eine redliche Aufgabenteilung zwischen

Psychologie und Seelsorge anstrebt. Statt sich auf die eigenen Wurzeln der Spiritualität in Bibel und Mönchtum zu verlassen, führt man den Zen-Buddhismus ein, als hätten wir auf nichts sehnlicher gewartet. In die Dogmatik hat man die Philosophie des Deutschen Idealismus eingeführt, um endlich Katholiken an den Segnungen der preußischen Staatsphilosophie teilhaben zu lassen.

Überall das gleiche Bild: Das Fremde wird als neuester Heilsweg angehimmelt und überhaupt nicht hinterfragt. So ist es auch in der Exegese: Die Humanwissenschaften wie die atheistische Anthropologie Heideggers, die Psychologie und die Soziologie, die Religionstheorie und allerlei Philosophien hat man jeweils als Block der Exegese vorgeschaltet, weil man meinte, so endlich wissenschaftlich und modern zu sein.

Doch nicht nur für die Exegese, sondern für die gesamte Kirche waren diese »Vorschaltgesetze« vernichtend. Denn auf diese Weise wurden Bibel und Kirche zum Anwendungsfall für völlig fremdartige Regelsysteme, die doch eben schon von sich aus das Eigene der biblischen Religion nie auch nur zum Vorschein bringen konnten. Es fehlte nicht nur am nötigen Selbstbewußtsein der Theologen, es fehlte auch jedes Gespür dafür, daß die biblische Offenbarungsreligion inklusive Kirche eine unvereinnahmbare Besonderheit ist.

In meiner Jugend habe ich noch letzte Zeugen des preußischen Kulturkampfes erlebt. An ihnen konnte ich einen wunderbaren Stolz des Glaubens wahrnehmen, der sich nicht unterkriegen ließ. Den Kulturkampf unter Bismarck haben die Katholiken gewonnen, den jetzigen haben sie möglicherweise verloren – verführt durch den allgemeinen Schmusekurs namens Toleranz und eine oberflächliche Sorte von Ökumenismus, vor allem aber dank schlechten Gewissens und eines allgemeinen Minderwertigkeitsgefühls gegenüber den Protestanten. Die Konsequenzen sind auch gerade für die anderen schlimm.

Wer unausgesetzt das Fremde als den Heilsweg betrachtet und vom angehimmelten Import lebt, kann nicht das entdecken, was eigentlich zu entdecken notwendig ist: nämlich das Fremde am eigenen Text. Dieses bedeutet in der Regel Reichtum und nicht Konsum, Aufforderung zur Selbstkritik des Lesers und nicht zur Kritik und Aburteilung des Textes. Das heißt: Der Text selbst ist das Fremde. Er ist nicht aufzulösen wie ein Stück Würfelzucker im Tee, das heißt in religionsfremden Bereichen. Genau gesagt besteht sogar eine doppelte Fremdheit. Zu der kulturellen Abständigkeit kommt die Fremdheit, daß der Text heilig ist, weil er durch Bezeugen des heiligen Gottes Anteil hat an dessen Heiligkeit.

Natürlich kann man sagen, es sei unmöglich, die Fremdheit je zu durchstoßen, und man solle daher aus der Not eine Tugend machen und munter drauflos-"heideggern", psychologisieren. Antwort: Man sollte das Unmögliche wenigstens versuchen.

Der alternative Weg besteht schlicht darin, daß wir uns an einem der frühen Grundsätze Edmund Husserls und der heiligen Theresa Benedicta a Cruce Edith Stein orientieren, nämlich sich dem, was wir erkennen möchten, so lange auszusetzen, bis wir es sprechen hören. Das ist übrigens auch beim Gebet zu Gott so. Und das ist der Weg, auf dem aus der Philosophin Edith Stein die Mystikerin wurde. Auf die Bibelauslegung angewandt: Daß wir nicht die mitgebrachten oder importierten Regelsysteme über die Schrift stülpen, sondern ihr die eigenen Regeln ablauschen.

In meinem Buch »Historische Psychologie des Neuen Testaments« (2. Aufl., 1995) habe ich das für die »psychologischen« Aussagen der Bibel versucht, in meinem Buch »Sind die Berichte des Neuen Testaments wahr?« (2. Aufl., 2002) für die sogenannten mystischen Fakten. Praktisch bedeutet das: Eben nicht von einer mitgebrachten Theorie über die ganze Welt ausgehen, die man im je vorliegenden Text zu bestätigen sucht, sondern ganz schlichte Fragen zu stellen wie die nach der Architektur eines Textes, also: Wo sind Gegensätze, wo Wiederholungen, wo wörtliche Rede, wo ist die dramatische Wende, wie weit reicht die Exposition und wo gibt es einen Kommentar zum Ganzen?

IN EXEGETISCHEN SCHNELLKURSEN MIT THEORIEN VOLLGESTOPFT

Diese Fragen zu stellen, ist nicht ideologiebedingt, sondern orientiert sich an den schlichtesten Regeln der Rhetorik, die laut Quintilian auch schon im ersten Jahrhundert nach Christus galten. Überdies kann man die Gegenprobe machen und an den einzelnen Elementen des Textes selbst klären, ob sie wirklich einen bestimmten Lösungsvorschlag berücksichtigen oder überflüssig werden. Der konkrete ganze Text ist das Kriterium, und sich ihm so auszusetzen, als wäre er der einzige überlieferte, das ist der Weg. In der Tat läßt sich leider beobachten, daß im Studium an den Fakultäten fast nur noch exegetische Schnellkurse angeboten und besucht werden, am liebsten solche, in denen ein Semester lang Samstagvormittags die Studierenden mit Theorie vollgestopft werden, ohne daß es zur Bodenberührung an konkreten Texten käme. Ich halte das für unverantwortlich.

WORIN DAS »EIGENE« DER BIBELAUSLEGUNG BESTEHT

Was ist denn dieses Eigene, das die Bibelauslegung unmöglich zum bloßen Anwendungsfall von anderen Humanwissenschaften werden lassen darf? Dieses Eigene ist erstens das Universum der christlichen Zeichen, das von den Gleichnissen über die Sakramente, über die Kunstgeschichte bis zur Volksfrömmigkeit reicht. Zweitens sind es die mystische Wirklichkeit des dreifaltigen Gottes und die mystischen Fakten wie Verklärung und Visionen bis hin zu deren Wirkungen etwa in der Auferweckung des Lazarus. Drittens ist es die Kirche mit allen ihren Gemeinschaften, besonders aber den Heiligen. Mit diesen drei Punkten sind nur Stichworte für die Wirklichkeit im Christentum genannt, die sich der allgemeinen Wissenschaft vom Menschen entziehen.

Man könnte anfragen, wo dann das interdisziplinäre Gespräch bleibt. Antwort: Ja, das ist kostbar. Aber gerade die anderen Wissenschaftler möchten doch auch von den Theologen lernen und nicht nur ihre Regeln angewandt und bestätigt wissen. Auch hier geht es letztendlich um die Frage, ob der Theologe genügend Selbstbewußtsein mitbringt oder seinen Beruf nur als Anhängsel an bestimmte hauptsächliche Berufe begreift. Ganz recht: Man muß sich unter den anderen Wissenschaften verständlich machen. Die Frage ist nur: um welchen Preis?

In der praktischen Anwendung auf die Einzeltexte bedeutet das eine Ergänzung (nicht Ersetzung) der »scholastischen« Methoden in der Exegese durch die »monastischen«. Unter »scholastischen« Methoden verstehe ich alle, die auf Argument und Autorität, auf Beweis und logischer Schlüssigkeit bauen. Hier hat sich im Grunde seit dem dreizehnten Jahrhundert in den Geisteswissenschaften nicht viel geändert. Nur daß in den heutigen Seminararbeiten nicht Beda Venerabilis, sondern Peter Stuhlmacher als Autorität genannt wird. Der Nutzen dieses Zugangs ist rationale Kontrolle (unter Anerkennung der eigenen Grenzen) und auch gewaltfreie Auseinandersetzung um strittige Meinungen, die mögliche Nachvollziehbarkeit eines Weges auch für Atheisten.

»Monastische« Methode der Exegese dagegen ist ein Zugang, der von den Regeln monastischer Spiritualität lebt. Dazu gehört zum Beispiel die Rückübersetzung eines paulinischen Textes in ein Gebet. Und ferner: Da die Wiederholung die Mutter der Spiritualität ist, keine Scheu vor Wiederholung des Gleichen, wo es sein muß. Ferner ist es der Maßstab der Anwendung eines Textes, daß sich der Ausleger mit seinem eigenen Glauben darin wiedererkennt. Der Ausleger wird zum Spiegel des Textes und umgekehrt. Und es kommt nicht darauf an, bei einem biblischen Autor zu bleiben, sondern oft werden verwandte Texte nebeneinander gesetzt; so darf man hier auch Matthäus neben Paulus stellen. Dazu gehört auch die Wiederbelebung typologischer Exegese, und zwar nicht nur zwischen Altem und Neuem Testament, sondern auch innerhalb des Neuen Testaments. Und ferner: Mehr in Bildern zu reden statt in Begriffen – und damit auch: die Nähe zu den Zeugnissen der Kunstgeschichte suchen und nicht verschmähen. Monastische Auslegung schafft je einen Blumenstrauß von Bibelstellen zu einem Thema.

DIE KLUFT ZWISCHEN EXEGESE UND SPIRITUALITÄT SCHLIESSEN

Am schönsten finde ich diese Art Exegese ausgeführt bei Nikolaus Cusanus in seiner Schrift »Über die Schau Gottes«, bei Wilhelm von Saint-Thierry in seinen Gebeten und Meditationen und bei Bernhard von Clairvaux. Auch Luthers Magnificat-Auslegung steht in der Tradition dieser Art Exegese. Diese Art Auslegung halte ich für notwendig, um die Kluft zwischen Exegese und Spiritualität zu schließen. Die genannten Beispiele zeigen, daß es hier nicht um geistlose Zitatenkollagen geht, sondern um schöne, beeindruckende Texte. Auch ist diese Exegese nicht zu verwechseln mit dem Schriftbeweis der Dogmatik. Denn dort wird argumentiert, hier aber wird der Glaube illustriert und vertieft.

23. Das Christentum: keine Philosophie, sondern Geschichte

Persönlich, leibhaftig und greifbar: Gott trifft den Einzelnen in Zeit und Raum

Wie kommt Pilatus ins Credo? In der Tat konnte man bei Michael Schmaus lernen, das sei geschehen wegen der unaufgebbaren Grundlage unseres Glaubens in der Geschichte. Nun waren Frage und Antwort seinerzeit Programm. Denn über sehr lange Jahrzehnte des letzten Jahrhunderts lehnten führende deutsche Theologen jede Fundierung des Glaubens in der Geschichte ab. Man verstieg sich bis hin zu der Meinung, nach dem historischen Jesus zu fragen, sei überflüssig und schädlich. Maßgeblich sei allein ein abstraktes, jenseits aller Geschichte anzunehmendes »Kerygma« (eine Art Grunddogma) über das Scheitern des Menschen (Kreuz) und die Alleinwirksamkeit der Gnade (Ostern). Zuvor und nebenher erklärte man, die Eschatologie (Erwartung des nahen Endes) habe alle Geschichte in der Zeit (Historie) geradezu verschlungen und völlig unbedeutend werden lassen.

Und entsprechend verfuhr man mit der Bewertung schon der urchristlichen Geschichte: Lukas erschien als der große Verräter, der durch Abfassung der Apostelgeschichte den ungeheuerlichen Frevel begangen habe, an das Evangelium eine Art Kirchengeschichte dranzuhängen – deshalb eine Todsünde, weil doch mit dem Evangelium das Ende der Zeit gekommen sei. Alle weiteren Ereignisse schrumpften zu Marginalien. Allein eine eschatologische Existenz zählte, und das hieß: Alles Irdische, jede Setzung und jede Institution, alles, was überhaupt Gestalt hatte, mußte sich zerreiben lassen unter dem Hammer des allgewaltigen Anspruchs Gottes und seines Rechts.

»Haut den Lukas« hieß daher unter den Neutestamentlern der Schlachtruf. Und direkt mit ihm in Verbindung brachte man das greuliche Gespenst des Frühkatholizismus, jener Bewegung, in der Credo und Amt jene unheilige Allianz eingegangen waren, die später immer als katholisch erkennbar war. Einige bezeichneten selbst den Evangelisten Markus schon als frühkatholisch, und irgendwann brach dann dieser Rundum-Verdacht in sich zusammen.

EINE ABKEHR THEOLOGISCHEN DENKENS VON DER WIRKLICHKEIT

Man kann sich heute diese völlige Abkehr theologischen Denkens von der Wirklichkeit kaum noch vorstellen. Aber auch die älteren unter den heute noch lehrenden – vor allem protestantischen – Professoren haben diesen Standpunkt noch vertreten. Die Ernüchterung kam durch die Beachtung althistorischer und religionsgeschichtlicher Fragen, nicht zuletzt auch durch die Qumran-Funde und die Diskussion darüber in den neunziger Jahren. Doch bis heute gibt es nur zwei sehr schmächtige Versuche, eine Geschichte des Urchristentums zu schreiben. So sind auch »Amt« und »Kirche« noch nicht wirklich wieder theologische Themen geworden, worauf denn ein guter Teil der ökumenischen Verwirrung beruht.

Nun hatte diese eigenartige Aufhebung der Geschichte gewiß nicht ihren Ursprung im Neuen Testament selbst. Sie verdankt sich exklusiv demselben philosophischen System, aus dem auch die marxistische Beseitigung der Geschichte (jedenfalls jeder weiteren) zugunsten des Drachens der Revolution stammt – nämlich dem System Hegels.

VERSUCHE DES PLATONISMUS, AUSZUMERZEN, WAS GEWESEN IST

War es nicht G. F. W. Hegel gewesen, der alle Bewegung der Zeiten aufgehoben sah im wissenden Bewußtsein des Gebildeten, in dem der Weltgeist zu sich selbst erwachte? Wurde nicht angesichts des Erwachens des Geistes alle leibhaftige, konkrete Geschichte wirklich bedeutungslos? Und in der angeblichen Wiederentdeckung der neutestamentlichen Zukunftshoffnung um 1900 geschah doch nichts anderes, als daß nun die »eschatologische Existenz« genau das vollzog, was nach Karl Marx die Revolution tun würde: Aufhebung aller innerweltlichen Ordnung, aller Tradition, aller Setzung, aller bisherigen »toten Werke«. In diesem Sinne wollte auch die 68er Revolution nichts anderes als einen säkularisierten Marx in Geltung setzen.

Inzwischen weiß man freilich, daß der Endzeit- und insbesondere der Naherwartung im frühen Christentum ein Stellenwert eingeräumt wurde, den sie nie gehabt haben. Vielmehr hat man bis ins sechzehnte Jahrhundert hinein etwa stets gleichbleibend mit einem baldigen Ende der Welt gerechnet. Das gilt auch für Luther, der annehmen wollte, der Antichrist sei in Rom schon am Regieren.

An anderen Versuchen, die Geschichte auszumerzen, fehlte es schon seit jeher nicht. Diese Versuche sind oft unter dem Stichwort Platonismus einzuordnen. Nicolaus Cusanus gehört mit seiner Schrift »Über den Frieden zwischen den Religionen« genauso dazu wie Hans Küngs »Weltethos«. Dabei gebührt dem Cusaner, dessen Schrift rund 550 Jahre älter ist, das größere Interesse und die größere Achtung, denn er geht immerhin von der katholischen Wahrheit aus. Aber gemeinsam ist beiden Ansätzen, daß die konkreten historischen Umstände und Formen der einzelnen Religionen für die Wahrheitsfrage angeblich nicht wichtig sind. Sie müssen nur interpretiert werden, dann ist die Vernunftwahrheit, die am Ende herauskommt, bei allen gleich. Weil die platonische Geschichtsbetrachtung mit geschichtlicher Konkretion nichts im Sinn hat, ist sie für eine biblische Betrachtung letztlich immer ein rotes Tuch. Und so sind denn auch die exegetischen Auskünfte des Cusaners regelmäßig die schwächsten Bausteine seiner Argumentation.

Nach diesen steilen Versuchen, ein »Ende der Geschichte« oder deren Aufhebung zu postulieren, ist es an der Zeit, eine christliche Auffassung von Geschichte neu ins Spiel zu bringen. Der elementarste Baustein dieser Auffassung ist die schlichte, aber eindrückliche Bezeichnung »im Jahre des Heils« (anno salutis). Unsere Zeitrechnung ist in diesem Sinne die Basis für eine christliche Geschichtstheologie. »Vom Jahr der Inkarnation an« nannte man im Mittelalter diese Zeitrechnung. Die meisten Völker der Erde teilen sie.

IN DER KIRCHE WIRD NOCH IMMER JEDER EINZELNE GETAUFT

Doch es war nie die »allgemeine Menschheit«, der das Heil zugesprochen wurde, sondern immer nur der einzelne. Der Gott Abrahams, Isaaks und Jakobs bewahrt seinen Eigenwillen, er geht seinen Weg zum Heil und Erbarmen aller Menschen immer auf schmalen Wegen, über die Bekehrung einzelner. Denn Christentum ist keine Philosophie von überzeitlicher Gültigkeit, sondern eine Kirche, in der noch immer jeder einzelne getauft wird und jedem ganz persönlich in der Beichte die Sünden vergeben werden. Die persönliche, leibhaftige, räumliche, zeitliche und greifbare Nähe Gottes, die es verkündet, bedeutet noch immer, daß jeder einzelne, der sich zu dieser Religion bekennt, leibhaftig zur Kirche gehen und mit eigenen Händen beten soll.

Daher gibt es auch keinen Ersatz für die je eigene Taufe und das persönlich mitvollzogene Herrenmahl. Auch die Werke, die jeder tun muß, sind leibhaftig gewordene Zeichen des eigenen Glaubens.

Wegen dieser unüberbietbaren Bedeutung der leibhaftigen Konkretion kann man Christentum nicht auf guten Willen oder Verantwortungsbewußtsein einschränken. Etwas ganz anderes als die edle Gesinnung wird zum Ausgangspunkt jeder Theologie und jeder Reflexion über Heilige, nämlich das je und je erfahrene Leiden. Deshalb ist das Kreuz das Markenzeichen unserer Religion, und alle Theologen wußten, daß das Kreuz mit dem Holz der Krippe beginnt. So ist das Kreuz das Logo des Christentums geworden. Denn seine Botschaft ist zweifach, wer wir Menschen sind, und wer Gott ist. Daß wir Menschen andere ans Kreuz bringen und selbst oft Opfer sind. Und daß Gott aus allem Haß Liebe und Vergebung werden läßt.

Und wenn die Wahrnehmung des Leidens so zentral ist, ergibt sich daraus eine doppelte Antwort, die Hinwendung zu den unübersehbaren Nöten der Menschen und die Vorfreude auf Auferstehung. Der Blick auf das konkrete Leiden ist auch ganz gewiß das bleibend Jüdische am Christentum. Um das zu wissen, muß man nicht erst die Psalmen und Jesaja 53 lesen, es genügt schon das, was jedes Schulkind über die Geschichte des jüdischen Volkes weiß. Da Pilatus Jesus vor allem aus Antijudaismus zur Kreuzigung übergeben hat und darauf beharrte, den Juden ihren König zu präsentieren, gehört in dieser Hinsicht auch der Tod Jesu in die Geschichte des Antijudaismus.

Weil konkrete Geschichte unüberholbar ist, deshalb gibt es die Kirche – und mit ihr Formen, Strukturen und Macht. Diese Kirche hat deshalb immer mitten in der Geschichte gestanden. Wohlmeinende Geister und zu einem Teil die Reformatoren wollten sich lieber an einer unsichtbaren Kirche orientieren, aber die gäbe es nur im Himmel. Gewiß setzt sich das Leiden Jesu auch in der Kirche und an ihr fort. Erst mühsam hat man lernen müssen, daß zur Kirche auch ihr Mißbrauch von Macht gehört, auch Sünde und Blut. Aber andererseits gibt es das Blut des Erlösers, vergossen zur Sühne für alles Blutvergießen. Deshalb steht auf meinem Schreibtisch ein gotischer Kelch. Er erinnert mich an das Blut des Erlösers als zentrale Wirklichkeit.

Ich selbst bin aufgewachsen in einer durch Romanik und Gotik geprägten Kaiserstadt. Das erhabenste Kunstwerk, das sie zu bieten hat, ist eine gotische Pietà von 1510. Wer in einer solchen Stadt heranwächst, hat ein tief eingeprägtes Verhältnis zur Geschichte, inbegriffen jenes Lebensgefühl von Kaisersaschern, das Thomas Mann am Anfang von Dr. Faustus beschreibt, wo es also auch den Teufel gibt. Wo die Kämpfe zwischen geistlicher und weltlicher Macht ihre Spuren hinterlassen haben, kann man es gut an den Mauern ablesen, daß irdische Macht – weltliche oder geistliche – reif und weise verwaltet wird, wenn ihre Träger sie dem Herrgott zu Füßen legen.

WER MACHTSPIELCHEN AUFGIBT, LERNT, VON HERZEN ZU REDEN

Und dieses mündet dann in die zentrale Lebensweisheit Jesu, daß man sich nur gewinnt, wenn man sich verlieren kann. Und das ist die Regel für den Umgang jedes einzelnen mit dem Spielraum an Macht, den er selbst wahrnehmen kann. Jeder einzelne macht in seiner Geschichte die grundlegende Erfahrung: Wer abgibt, der gewinnt, wer die Spielchen um die Macht aufgibt, lernt, von Herzen zu reden.

Genau das meine ich, wenn ich wiederhole, daß der Friede zwischen den Konfessionen oder die Einheit der Kirche nur erreicht wird, wenn die Träger geistlicher Macht sich in eine tiefe religiöse Erneuerung verstricken lassen. Wenn sie vor dem Herrgott auf dem Boden liegend miteinander reden – so wie es der Trappistenprior Christian von Tibhirine in Algerien über das nächtliche Gebet berichtet, das er stundenlang vor dem Altar liegend mit einem neben ihm liegenden Moslem geführt hat. Geschichte wird umgewandelt nicht durch Formelkompromisse und Regelungen, die kein Herz erweichen, sondern in der Tiefe einer religiösen Erneuerung. Das sind die wahren Sternstunden der Geschichte der Kirche – und, wie wir glauben, der Welt.

24. *Mystik ist der Ernstfall des Glaubens*

Während der Aufklärung schlug der Rationalismus eine Schneise in die Glaubenswelt – die beiden Kirchen leiden noch heute daran. Längst sind in den Buchhandlungen die Abteilungen »Religiöses« durch »Esoterik« ersetzt. »Esoterik« – das meint Umgang mit unsichtbaren Mächten und Kräften. Symbolische Praktiken sollen unsichtbare Vorgänge und Erscheinungen bewirken. Man ist bereit, die unglaublichsten Dinge zu akzeptieren: Reinkarnationsglaube ist noch das Harmloseste. Das alles geschieht, da die großen Kirchen aufgeklärt sind wie nie zuvor. Immerhin, schon gibt das neue »Evangelische Kirchenlexikon« zu: Esoterik sei nicht mehr nur Wissenschaftskriminalität, nicht mehr nur die »Metaphysik der dummen Kerle«. Kündigt sich nun eine Wende in der Kirche der Aufklärung an?

RELIGION ALS FREMDWORT

Ebenso auffallend: Evangelische Studierende der Theologie reisen nach Taizé, um sich an zisterziensischer Frömmigkeit zu erbauen. Wenn sie zurückkehren, bleibt das oft nur Erinnerung. Wie nie zuvor wird die Theologie bestimmt durch Vernunft und Moral. »Religion« ist ein Fremdwort geworden. Alle Erfahrung von »unsichtbarer Welt« und Geheimnis hat man systematisch aus den Kirchen verdrängt. Religiöse Themen überließ man Esoterikern und Evangelikalen.

Ich frage: Ist der Beitrag, den Christen hier zu leisten haben, immer nur die Vernunft? Die Esoterik belehrt uns in neuheidnischer Form über Dinge, die Bibel und Christentum seit vielen Jahrhunderten verarbeitet und integriert, dem Glauben zugeordnet und in ihrem Realitätsgehalt gewürdigt haben. Mir scheint, der vorkonziliare Katholizismus hätte in diesem Punkt ein Gleichgewicht erlangt. Er hat es verloren, weil die Formen während der Aufklärung zusammenbrachen. Wer ein Gleichgewicht neu gewinnen will, muß wohl bei dem Stichwort Spiritualität einsetzen, denn hier geht es um das Verhältnis zur unsichtbaren Welt Gottes, und das ist nicht nur ein »Bewußtsein«, sondern eine religiöse Praxis. Christentum ist als Religion wiederzuentdecken. Wer weiterhin Mystik schon an sich für Teufelszeug erklärt, wird den Zugang verfehlen.

Um mit der Reinkarnation zu beginnen: Wenn Vergebung der Sünden zur Floskel erstarrt und nicht glaubwürdig und greifbar vermittelt wird, dann muß der Mensch sich in neuen Lebensläufen läutern und muß auf diesem Wege vollkommener werden. Eine Ohrenbeichte war Gold gegen diesen Verlust handgreiflicher Befreiung von der Sündenlast in den modernen Pauschalformeln. Auch bei den Lutheranern starb die Einzelbeichte ja (erst) mit der Aufklärung.

Ebenso stirbt das Gebet an seinem Perfektionismus. Die Regel ist, daß man sich vorformulierten Gebeten anvertraut. Man sollte solches Beten nicht verächtlich »antikes Gemurmel« nennen und den »authentischen« Nachvollzug eines jeden Wortes nicht zum unbefragten Maßstab machen. Anders als man denkt, greift Jesus mit den »vielen Worten« und dem »Geplapper« der Heiden (Matthäus 6,7) nicht lange Gebete an, sondern angsterfülltes Sich-Absichern bei den zahlreichen Göttern der Heiden. Deshalb sagt Jesus als Begründung hier: »Euer himmlischer Vater weiß doch, was ihr nötig habt.« Gerade bei reformatorischen Christen, die gern von der Gnade sprechen, ist Beten durch Krampfhaftigkeit gefährdet.

Bei griechischen Einsiedlern kann man beobachten, wie ihr Kyrie- oder Jesusgebet mit ihrem Atmen eins wird. Hier wird das Gebet zu dem, was das Leben trägt. Auch heute läutet von evangelischen Kirchen dreimal täglich die Glocke zum »Vaterunser«. Spiritualität bedeutet hier: Die Selbstgespräche und inneren Monologe zu adressieren und zu Gebeten vor Gott werden zu lassen.

So ist christliche Spiritualität eine des Alltags. Jesus ist darin den Pharisäern verwandt, daß er überall im Alltag nach Gott und seinem Willen sucht. Die pharisäische Alltagsfrömmigkeit will Jesus nicht beseitigen, sondern reinigen, gar überbieten. Die kleinen Dinge und Kleinigkeiten werden wichtig, der Becher Wasser für einen Durchreisenden, die kleinen Gebote. Wie in jeder Liebe werden die kleinen Zeichen wichtig.

WO BLEIBT DIE FREUDE?

Werden Theologen mit ihrer Rede von der geistlichen »Erfahrung« nicht Gefangene ihrer eigenen Versprechungen, wenn diese ausbleibt und in irgendeiner Erleuchtung gesucht wird? Gibt es nicht hingegen nach dem Evangelium die unüberbietbare Erfahrung der Freude? Freilich hört man wenig von dieser Christenfreude, denn diese Freude entsteht nicht durch Reden, sondern durch Ansteckung. Es ist am Ende immer Freude über Gottes Gegenwart. Kein Element der Spiritualität kann jedoch gedeihen, wenn es lediglich kirchenamtlich angeordnet ist. Wenn die oberen Etagen des Kirchengebäudes von perfektem Rationalismus gekennzeichnet sind, kann nichts gedeihen. Die Leute glauben alle möglichen Dinge, wenn es nur nicht die kirchenamtlichen sind.

Der freudlose Umgang mit Jesusworten zeigt – bei aller Verschiedenheit – dieselben Symptome wie der von Zweifeln fast erstickte Gang zum Heiligen Rock in Trier bei der jüngsten Wallfahrt: Allerorten schier endlose Zweifel an der Echtheit, die alles zerreden. »Echtheitszweifel« statt »Erinnerung« – das ist ein schlechter Tausch. Zu einer unter Menschen lebendigen Religion gehört ein Universum von Zeichen. Kirche ist wesentlich eine Kulturgemeinschaft von Zeichen, die untereinander zusammenhängen. Immer weniger Pfarrer wissen über die Predigt Bescheid, die ihr eigenes Kirchengebäude in Stein, Holz und Farbe bereithält. Die Sprachlosigkeit entstand inmitten umfassender Zeichenlosigkeit. Diese Lücke füllt die Esoterik mit ihrem Geflecht von Symbolen fragwürdiger Art. Wo liegt der Unterschied, wo ist das Kriterium? Das Neue Testament sagt es: Es sind die Früchte (Liebe, Gerechtigkeit) und ob diese Zeichen den Weg weisen, der dazu führt, daß man besser leben und sterben kann.

Der aufklärerische Hochmut über alles, was nach Magie aussieht, bedarf der Revision. Leicht können auch Segen und Abendmahlsworte als Zauberei und Aberglaube angesehen werden. Schon die Kindertaufe versteht niemand, der nicht begreift oder begreifen will, daß hinter sakramentaler Sprache ein ganzes Welt- und Menschenbild steht, das nicht einfach »dumm« oder »irrational« ist, sondern eigener Logik folgt, zu der unter anderem Licht und Dunkel, Gott und Finsternis gehören.

Auch die esoterische Erleuchtung hat dem Christentum etwas abgekauft, das sein Eigenstes war. Zusammenhänge zu erschließen ist eine grundlegende Aufgabe von Religion. Aber schon dem Studierenden der Theologie gehen heute Zusammenhänge zwischen den Fächern verloren. Wo ist zum Beispiel die Weisheit mittelalterlicher Domtüren geblieben, die Szenen des Alten Bundes solchen des Neuen Bundes gegenüberstellten und damit Sinnzusammenhang stifteten?

Denn wo Zusammenhänge fehlen, entsteht der Eindruck, es handle sich um Wrackteile aus der Vergangenheit, altmodisches und ortloses Zeug. Besonders unglücklich ist das für die Moral. Denn wo zum Beispiel zwischen Ehemoral und Gottes Heiligkeit, zwischen Seelsorge an Geschiedenen und dem Verhältnis Christi zur Kirche kein Zusammenhang gesehen wird, da handelt es sich um isolierte und damit nur autoritär wirkende sinnlose Einzelforderungen voll scheinbarer Beliebigkeit.

So gilt: Schaffen wir wieder, entdecken wir aufs neue inneren Zusammenhang in dem, was wir lehren! Auch schlichte Versuche können ansprechen und rühren, wie die Entdeckung des Mittelalters, daß der ins Latein übersetzte Engelsgruß an Maria »Ave« die Umkehrung von »eva« darstellt, Maria also das Gegenbild zu Eva ist. Bei aller Naivität dieser Philologie – ein Geheimnis, ein Sinngeflecht wird greifbar.

Einzelstücke könnten getrost beim Trödler untergehen, aber nicht ein Schatz, bei dem der Glanz der Einheit in aller Verschiedenheit noch immer überwältigend ist.

25. Das Jüngste Gericht I – Das Jüngste Gericht II

I

Nirgends kommt christliche Hoffnung klarer zum Ausdruck als in der Vierung romanischer Dome, in denen hoch über dem Altar und weithin sichtbar ein Radleuchter in Gestalt des himmlischen Jerusalem schwebt. Denn wir erwarten nicht Frommes und Betuliches, sondern nach der Offenbarung des Johannes eine große, herrliche Stadt mit offenen Toren und Platz für alle Menschen, deren Sehnsucht nach Heil so groß war und ist, daß sie nur in der friedlichen und fröhlichen, gerechten und geschwisterlichen Gemeinschaft ihr Ziel finden, die man im Bild himmlisches Jerusalem nennt. Auf diese Gemeinschaft hin leben wir.

Oft sind die romanischen Dome wie Abbilder der erwarteten Stadt gebaut. Christlicher Glaube steht für gerechtes Miteinander. Dann ist die weihnachtliche Verheißung erfüllt, daß Gott mitten unter Menschen wohnen wird. Bei aller Unvorstellbarkeit scheint nur eines ganz klar zu sein: Das Wort Gott steht hier für Gerechtigkeit. Das ist eine Botschaft zunächst für die Opfer und die Unterdrückten. Das Wort Gott ist für sie identisch damit, daß überhaupt Gerechtigkeit sein wird und nicht nur Triumph der Gewalt; daß es überhaupt Sinn geben wird und nicht nur Abbruch, Verzweiflung und im Aufbruch erstickte Ansätze. Gott ist identisch mit dem, der Lazarus in die Arme schließt – und mit ihm die vielen Millionen geschundenen Lazarusse aller Völker und aller Zeiten.

Die Zeit ist wie eine Straße, die aus dem Nichts kommt und die ins Unendliche läuft, ein Kanal, dessen Ende mit dem Horizont verschmilzt – moderne Banken-Werbung spricht uns auf unsere Vorstellungen von Zeit und Zukunft hin an. Aber wenn Zeit keinen Ursprung und kein Ziel hat, dann kann niemand darin einen Standort finden. Diese Ortlosigkeit wirkt sich dann so aus, daß man den Blick künstlich einschränkt auf das Morgen oder bestenfalls das Übermorgen. Was danach kommt, gibt es dann gar nicht.

All die moderne Öffnung der Zukunft hat sinnloserweise das Ausblenden von Zukunft zur Folge. Die Öffnung wurde zumeist verstanden als Befreiung von lästigen Gerichtsvorstellungen. Man meinte, in Kauf nehmen zu können, daß damit auch die Dimension der Verheißung und überhaupt jede positive Zukunftsvision abhanden kam. Ganz anders ist dagegen das christlich-biblische Zeitverständnis. Geschichte ereignet sich in der Konfrontation, im Gegenüber mit dem kommenden Gott. Die Zukunft ist nicht namenlos, sondern sie hat einen Namen. Nicht was in der Zukunft im einzelnen kommt, ist entscheidend, sondern daß alles im Angesicht des Kommens Gottes geschieht und daß alles auch vor ihm zu verantworten ist. Die Zeit ist daher gekrümmt, sie hat, im Bilde gesprochen, Form und Eigenart eines Mandelhörnchens. Die beiden Schokoladenspitzen liegen einander gegenüber, und wenn wir gewissermaßen auf der Krümmung des Hörnchens leben, dann können wir von jedem Punkt des Hörnchens aus jeden der beiden Endpunkte sehen. Die eine Spitze ist die erste Ankunft Jesu Christi, die zweite Spitze ist die Wiederkunft Christi. Die beiden Spitzen liegen einander gegenüber, zwischen ihnen verläuft ein wesentlicher Teil der Heilsgeschichte.

Man sollte sich darüber wundern und darüber sprechen, daß es nach christlicher Meinung überhaupt am Ende etwas geben soll, das noch aussteht und auf das wir warten. Dieses »Etwas« ist nicht nur die große »Aufrichtung« der geschundenen Opfer, es ist auch die Richtigstellung. Denn es wäre gerecht, wenn Gott endlich anerkannt würde. Es wäre gerecht, wenn die Opfer der Geschichte rehabilitiert und die Tyrannen vom Thron gestürzt würden. Für die Opfer besteht die Differenz zwischen »jetzt« und »dann« in dem Unterschied zwischen recht haben und recht bekommen. Der Prozeß, der zwischen beiden vermittelt, läuft schon. Und hier, irgendwo in der Mitte zwischen Aufrichtung, recht bekommen und Richtigstellung, liegt der traditionelle Gerichtsgedanke. Viele meinen, gerade darauf verzichten zu können, und es gibt Kirchen, die die Rede vom Gericht am liebsten abschaffen würden. Aber ich finde den Satz ganz tröstlich und unersetzlich kritisch gegenüber aller Macht auf Erden, mit dem mittelalterliche Gebete oft enden: ». . . durch Jesus Christus, unseren Herrn, der kommen wird zu richten die Lebenden und die Toten der Welt mit Feuer«.

Das Kruzifix, das jedenfalls früher in den Gerichtssaal gehörte, sollte dieses sagen: Es wird eine Gerechtigkeit geben, die diesen Namen verdient hat. Und jeder, der auf so etwas wartet, wird kaum die Hände in den Schoß legen, um alle Dinge sich selbst zu überlassen. Denn christliche Hoffnung steht immer auf zwei Beinen: Einerseits geht es um Hoffnung auf zukünftige Gerechtigkeit, andererseits aber wird diese nicht sein können, wenn sie nicht jetzt schon in unserem Handeln Raum gewinnt.

Was Christen von der Zukunft erwarten, kommt sehr schön im apokryphen Thomas-Evangelium zum Ausdruck: Jesus sagt: »Die Herrschaft des Vaters ist wie eine Frau, die trug auf ihrem Kopf einen bis oben hin mit Mehl gefüllten Krug. Sie hatte einen weiten Weg bis nach Hause. Der Henkel des Kruges zerbrach. Das Mehl rieselte hinter der Frau auf den Weg. Sie jedoch bemerkte nichts und wußte nichts von ihrem Mißgeschick. Als sie zu Hause angekommen war, stellte sie den Krug auf den Boden und fand ihn leer.« Das Gleichnis bedeutet nicht, daß am Ende nichts sein wird. Es sagt nur: Das, was in Zukunft offenkundig werden wird, ist nichts anderes als das, was jetzt schon unter unseren Füßen und Händen und hinter unserem Rücken verläuft – jeden Tag, unmerklich. Die »Stunde der Wahrheit« wird nichts Neues bringen, nur die Grundrichtung dessen offenlegen, was je und je ganz alltäglich geschieht.

So gilt: Keine Angst: Das, was in Zukunft offenkundig werden wird, ist im Verborgenen schon längst da.

II

Hat Jesus das Gericht verkündigt? War er gar ein Gerichtsprophet, wie seit den Tagen des Jeremia keiner mehr aufgetreten war? Ja, so war es. Das mitleidlose Gericht trifft nach den Evangelien alle, die Jesu Botschaft ablehnen. Die Botschaft vom Gericht ist die Kehrseite der positiven Praxis Jesu, das Feuergericht ist die Folge der abgewiesenen Heilszuwendung. So gibt es selbst eine Reihe von Jesusworten, die bereits reflektieren, daß er abgelehnt wurde, in denen Jesus mit einer Änderung des Verhaltens seiner Adressaten nicht mehr rechnet.

Die protestantische Forschung freilich hat größte Schwierigkeiten im Umgang mit der so skizzierten Gerichtsverkündung Jesu. Sie hat Strategien entwickelt, diese Worte zu reduzieren und zu eliminieren, sie für unecht zu erklären und umzuinterpretieren, am Ende sogar sich vom eigenen historischen Befund theologisch zu distanzieren. Der Mainstream der Forschung ist, so kann es Christian Riniker zeigen, ein einziges Unternehmen mit dem Ziel, die Gerichtspredigt Jesu irgendwie loszuwerden, um welchen Preis auch immer. Theologische »Sachkritik« geht regelmäßig von der Priorität der Gnade aus. Das führte bei Ernst Käsemann dazu, daß er aus Gründen der Gnadentheologie Jesus selbst die Seligpreisungen meinte absprechen zu müssen. Nach anderen ist das Gericht bei Johannes dem Täufer wörtlich, dagegen bei Jesus nur bildlich verstanden. Riniker legt mit Recht dar: Das ist alles fauler Zauber. Nur bei Karl Barth spielte der Gerichtsgedanke immer eine Rolle – doch blieb das leider ohne Wirkung auf die exegetische Wissenschaft.

Doch in Wirklichkeit gilt: Jesu Gnadenpredigt ist nicht ohne sein ebenso radikales Verständnis von menschlicher Schuld zu haben. Dabei hat die Struktur, die das Gericht haben wird, nämlich die Zertrennung der natürlichen Bindungen und Verflechtungen, ein Vorbild in der von Jesus geforderten Trennung von der Familie bei der Berufung in die Jüngerschaft.

Diese wahrhaft befreienden Thesen entwirft Christian Riniker, ein reformierter Pfarrer, der dank seines Lehrers, des bekannten Neutestamentlers Ulrich Luz (Bern), seine unvollendete Dissertation publizieren konnte (»Die Gerichtsverkündigung Jesu«, Bern 1999). So wird zwar am Ende der Sack nicht zugebunden, doch alle wichtigen einschlägigen Texte zum Thema Gericht aus den drei ersten Evangelien werden gründlich untersucht. Und mit 487 Seiten ist das Buch auch wirklich umfangreich genug. Diese Arbeit ist einer der leider selten gewordenen Fälle, in denen Wissenschaft direkt kritisch und bereichernd etwas beitragen kann zur herrschenden Ansicht von Christentum. Denn schon für die Annahme seiner Botschaft kündigt Jesu selbst ein »zu spät« an. Wo gibt es so etwas noch in der betulich sanft gewordenen Szene der durchweg therapeutisch orientierten Seelsorge, der man nur noch das Trösten zutraut, nicht aber mehr ein Nein, geschweige denn eine Verheißung und eben auch das Gegenteil? Der Autoritätsverlust der Kirchen geht Hand in Hand mit der Halbierung des biblischen Jesus, dem kein Mensch mehr eine ernstgemeinte Gerichtspredigt zutrauen kann.

Der Verfasser will kein Jesusbuch schreiben, sondern diskutiert nur die Texte, die vom Gericht handeln. Zum Beispiel die Gleichnisse. Wer weiß schon oder wer hat je beachtet, daß die Gerichtsgleichnisse die zahlreichsten unter den Gleichnissen sind, daß sie in der Tradition am breitesten gestreut sind? Im übrigen handeln sie eben nicht vom Gottesreich, obwohl die Forschung sie fast immer unterderhand zu Reich-Gottes-Gleichnissen gemacht hat. Daß die Gleichnisse in der liberalen Jesusforschung zum Inbegriff des ungefährlichen Jesus werden konnten, liegt, wie Riniker zeigt, nur daran, daß man wichtige Gleichnisse konstant wegließ. Oder man lasse sich Worte wie Matthäus 5,29 auf der Zunge zergehen: »Und wenn dein rechtes Auge dich dazu verführt, Unrecht zu tun, reiß es heraus und wirf es weg. Denn besser einer deiner Körperteile geht verloren, als daß du mit vollständigem Leib in die Hölle geworfen wirst.« Eine einseitige oder ausschließliche Identifizierung der Gottesherrschaft mit Gnade ist von solchen Worten her ausgeschlossen.

Wichtig ist ferner, daß auch die Worte über das Gericht ihr besonderes neues Zentrum in der Person Jesu erhalten. Nicht nur, daß er der Richter oder Anwalt und Zeuge im Gericht ist – an die Stelle der Worte der Tora und des Tuns der Tora ist das Tun der Worte Jesu getreten. Sie sind das neue Kriterium. Das bedeutet im übrigen nicht Aufhebung, sondern Erfüllung der Tora. Der Anspruch Jesu ist ebenso unableitbar wie unüberbietbar. Das neue Kriterium des Gerichts ist Jesus, sein Wort und das Bekenntnis zu ihm. Interessant ist auch dieser Gedanke: Das Gericht wird so sein, wie bereits jetzt die Armen und Verhungernden die Welt betrachten müssen. Und jede Befangenheit im Alltagsleben ist gefährliche Selbsttäuschung.

Ulrich Luz deutet an, zu welchem Ende der Verfasser das Werk geführt hätte, und mutmaßt, das Ergebnis sei wie Albert Schweitzer gewesen. Der hatte seinerseits gemeint, Jesus sei nach Jerusalem gegangen, um Gott zum Offenbarungseid zu zwingen. Würde er mit den Worten seines Propheten Jesus Ernst machen? Denn Jesus habe die Enddrangsal allein auf sich nehmen wollen. Man kann unter diesem Aspekt sicher nur dankbar dafür sein, daß die lehrreiche Studie unvollendet geblieben ist.

26. Magie als Gespräch mit Gott

Die gegenwärtige Krise des Christentums ist eine Krise der Kirchen, nicht der Religion. Aber es wäre wohl das Verkehrteste, die dahinschmelzenden Kirchen auf Kosten der Religion auch noch zu rechtfertigen. Vielmehr scheint es doch so zu sein: Je rationalistischer das Gottesbild der Kirchen gestaltet wird, um so stärker wandert magisches Verständnis von Religion in die Esoterik aus. Und Magie, das war und ist immer die vermeintlich vormoralische, angeblich primitive und »dingliche«, die Götter mit Zwang bedrohende Religion der jeweils anderen, die Frömmigkeit der kulturell nicht akzeptierten Nachbarn. Da insbesondere Protestantismus sich als die Religion der Aufklärung verstand und da auch das deutsche Judentum Aufklärung begierig in großen, tiefen Schlücken in sich aufgenommen hatte, war der Magievorwurf für 200 Jahre der eleganteste Ausdruck des antikatholischen Ressentiments. Denn was wiegt in Deutschland schwerer als der Vorwurf kultureller Rückständigkeit, besonders gegenüber den Latinos in der Nachbarschaft? – Aus diesen Gründen ist das Feld der Magie eines der wichtigsten religionssoziologischen Themen auch heute noch. Um so dankbarer muß man dem Baseler Althistoriker Fritz Graf für seine Darstellung der »Magie« bei den Griechen und Römern vom 6./5. Jahrhundert v. Chr. bis in die christliche Spätantike sein. Graf definiert aus antiken Quellen, aus literarischen Texten, den Zauberpapyri und anderen archäologischen Funden (z. B. den Bleitafeln mit den sog. Defixionen) nicht nur die Begriffe Magie und Zauberer, er zeigt auch die verschiedenen Anwendungsgebiete auf, den Schadens- und Liebeszauber, die Divination (Weissagung) und die magische Einweihungspraxis.

Das Ergebnis dieser sehr materialreichen, nur zu Anfang etwas mühsam zu lesenden Studie ist vielfältig: *Erstens* besteht zwischen Magie und Religion in dem beobachteten Zeitraum kein erkennbarer Gegensatz. Ja, es zeigt sich immer wieder eine Verbindung von exzessiver religiöser Hingabe und Magie. *Zweitens* hat Magie in aller Regel nichts mit einem gegenüber den Dämonen oder Göttern ausgeübten Zwang zu tun. Die Originaltexte zeigen, daß es sich hier um üble Nachrede schon der Antike handelt. *Drittens*: Überhaupt ist üble

Nachrede der nach außen hin wichtigste Faktor dieser praktizierten Religiosität. Jedes Zuviel oder Zuwenig an Religion, das heißt: jede Abweichung von dem als »normal« Erachteten wird Magie genannt. Insofern kann man die Geschichte des Magiebegriffs lesen als ein großes, Jahrhunderte währendes Ringen um die Frage, was »normativ« in der Religion sein soll. *Viertens*: Magie ist auch im Phänomen der Inversion ein Ausdruck lebendiger Frömmigkeit. Unter »Inversion« versteht man die genaue Umkehrung alltäglicher Praxis in der Magie. So werden magische Texte entgegen dem üblichen Schreibduktus von rechts nach links geschrieben. Oder statt der »normalen« Opfertiere (Rind, Schaf, Schwein) werden von Magiern Vögel (besonders: Hähne) oder Esel geopfert. Statt an die himmlischen Götter richtet man sich in der klassischen Zeit zu magischen Zwecken an die unterirdischen (in christlichen Zeiten: an Satan und böse Engel). Doch auch Inversion ist eher ein generelles religiöses Phänomen. *Fünftens*: Die Magier haben uns einen großen Schatz an Gebeten hinterlassen. Diese zeigen oft eine tiefe und vor allem lebendige Frömmigkeit und orientieren sich durchaus an der klassischen Gliederung von Gebeten, nämlich an der Abfolge von Namen (der angerufenen Gottheit), der Erzählung ihrer Taten und der dann folgenden Bitte. Daß diese Bitten oft in der Aufforderung an die Gottheit münden, sie möge schnell und bald kommen, schlägt die Brücke zu den wichtigsten christlichen Gebeten (»Dein Reich komme . . .«, »Komm, heiliger Geist . . .«, »Maranatha« [= Komm Herr Jesus]). Nicht nur einmal finden sich Gebete wie dieses: »Aus ganzem Herzen bitte ich, flehe ich, euer Sklave . . .« oder: »Nehmt zu euch den Zorn und den Haß, den A. gegen mich empfindet . . .« oder »Komm zu mir, Herr Hermes, wie die Kinder in den Leib der Frauen, komm zu mir, Herr Hermes, der du die Nahrung der Götter und Menschen sammelst, komm zur mir, dem N., Herr Hermes . . ., gib mir Gnade, Nahrung, Sieg, Glück, Sex-Appeal, ein gutes Aussehen, Kraft von allen Männern und allen Frauen«. Unsere heutigen Gebete sind zwar oft hochgeistig, aber die alltäglichen Dinge werden wohl oft aus Scham verschwiegen. Dabei kennen wir die Bedeutung des Segens auf dem Alltäglichen auch aus den Psalmen der Bibel.

Dem persönlichen Gebet entspricht das besondere Wissen, und hier ergeben sich enge Beziehungen zwischen Magie, Gnosis und Mysterienfrömmigkeit. *Sechstens*: Immer wieder gibt es Entsprechungen zwischen Magie und Mysterien. Beider Einweihungen sind strukturell eng verwandt. Magie und Mysterien sind geheim. Sie suchen den direkten Kontakt mit dem Göttlichen, man hat nur nach einem komplexen Initiationsritual Zugang zu ihnen. Und die Selbstzeugnisse beider »sind Ausdruck jener intensiven Suche nach dem persönlichen Gotteserlebnis, das für die mittlere und spätere Kaiserzeit so charakteristisch war«.

Stichwort Ägypten: Johann Wolfgang von Goethes Gedicht vom »Zauberlehrling« geht bekanntlich auf eine Erzählung des antiken Schriftstellers Lukian (2. Jh. n. Chr.) zurück, und wenn dieser zu Anfang seiner Schrift (»Philopseudes«, der »Lügenfreund«) sagt, der Ursprung der Zauberei läge in Ägypten, dann ergibt sich auch von da aus ein Bogen zur Ägyptentümelei des 19. Jahrhunderts, die kürzlich von Jan Assmann (»Moses der Ägypter« 1998) dargestellt worden ist und die ganz wesentlich für das kulturelle Selbstverständnis dieses Jahrhunderts war.

Offenbar mit Bedacht läßt Fritz Graf das früheste Christentum aus, er erwähnt aber die Arbeiten von Morton Smith, insbesondere »Jesus der Magier« (1978, dt. 1981). Auch wenn man M. Smith vorwerfen kann, er mache sich die Sache zu leicht, so gilt doch: Nominell ist das frühe Christentum ein Gegner aller heidnischen Magie, tatsächlich aber wird diese nun nicht einfach vergessen, sondern auf subtile und differenzierte Weise kritisch rezipiert, im wahrsten Sinne ausgebeutet und zu dem einen und einzigen und dreifaltigen Gott in Beziehung gesetzt. Wenn nach Apuleius gilt: »Der Magier ist einer, der mit den unsterblichen Göttern ins Gespräch kommt und durch die Kraft seiner Beschwörungen die Macht besitzt, alles zu tun, was er will«, dann fällt an dieser Definition nicht nur der Aspekt personaler Frömmigkeit auf, sondern auch die Analogie zu Gebetsverheißungen Jesu (Matthäus 17,20: ». . . nichts wird euch unmöglich sein«). Hier öffnet sich für den Erforscher des frühesten Christentums ein weites Arbeitsfeld, in dem freilich großes Taktgefühl nötig ist. Erwähnt seien nur das Binden, das Aufhalten (gr.: *katechein*, vgl. 2 Thess 2,6.7) und das Durchbohren, die Inkorporation von Geschriebenem als Nahrung, die sexuelle Enthaltsamkeit.

Dieses Arbeitsfeld ist für die Erhellung der religiösen Situation der

Gegenwart von größter Bedeutung und kann helfen, »missionarische« Strategien zu entwickeln. Wehe einer hochnäsigen Theologie, die über die neuheidnische Esoterik, die reichlich sprießt, selbstgefällig und in intellektueller Arroganz hinwegsieht.

27. Historische Kritik und der Glaube der Kirche

Ich habe an der Universität Heidelberg, der Vorreiterin der liberalsten protestantischen Exegese in Deutschland, Hunderte von Religionslehrerinnen und Religionslehrer, Pfarrerinnen und Pfarrer ausgebildet.

Die historisch-kritische Methode hat Auswirkungen auf Glauben und Kirche. Kirchenpolitisch stellt sich das so dar: die historisch-kritische Methode ist allgemein akzeptiert, sie ist auch nicht der Teufel. Es kommt nur darauf an, sie maßvoll anzuwenden wie alles Instrumentale in der Welt. Wir dürfen sie nicht mit Dogmatik verwechseln und sie nicht zum Instrument der Kirchenpolitik machen.

Für die ökumenischen Bestrebungen ergeben sich folgende Wirkungen. Die Ökumene beruht auf den Unterschieden der Konfessionen. Es gibt einen Block konservativer Lutheraner und verhältnismäßig konservativer Katholiken. Dort liegen aus meiner Sicht die Zukunftshoffnungen bei der Ökumene in Deutschland: im konservativ-lutherischen und im katholischen Teil. Der Anteil ist bei den Protestanten größer als bei den Katholiken. Die überwältigende Mehrheit katholischer Religionslehrer und -lehrerinnen insbesondere, aber auch Politiker gehört zusammen mit dem liberalen Protestantismus der weitaus größeren ökumenischen Gemeinschaft an, in der man die konfessionellen Unterschiede gar nicht mehr wahrnimmt und – sofern sie noch da sind – gar nicht wahrnehmen möchte. Zu konservativen Lutheranern würde ich sagen: Wenn wir uns auf manche Position Luthers zu bewegen könnten, dann wäre schon viel erreicht.

Ein Beispiel der Anwendung der historisch-kritischen Methode ist Ostern. Die Ergebnisse dieser Methode kann man schon in dem Buch von Hans Grass »Ostern und Osterberichte«, Marburg 1964, nachlesen. Kasper hat in seinem Buch »Jesus, der Christus« von 1974 diese Ergebnisse praktisch übernommen. Von einem Marburger aus der

Bultmann-Schule stammenden Systematiker übernimmt der katholische Fundamentaltheologe Walter Kasper seine Thesen über Ostern und stellt fest: Ostern ist kein historisches Ereignis, sondern hat sich abgespielt in den Tiefen der Subjektivität der Jünger. Das ist eine Reduzierung der Ereignisse auf die Subjektivität, ein großes Tor für den Einzug der Psychologie, nicht nur in die Exegese, sondern auch in die Seelsorge. Es gibt eine latente psychologische Unterwanderung der theologischen Disziplinen durch die verschiedenen Spielarten der modernen Psychologie. Paulus wird auf diesem Wege erklärt und zu einem Menschen, der neurotische Halluzinationen gehabt hat. Die Berufung des Paulus durch den Auferstandenen wird erklärt als Folge einer Neurose wegen eines Gesetzeskomplexes, den Paulus gehabt habe. Er habe mit dem Gesetz nicht fertigwerden können. Die Folge sei eine Christusvision gewesen. Im Grunde sei die Berufung in Gal 1 ein historisches Dokument für eine neurotische Halluzination. Inkonsequenterweise hält man auch an der Protophanie des Petrus fest, die Erstvision des Petrus nach 1 Kor 15,5 und Lk 24. Man erklärt auch diese Vision psychologisch als Folge sogenannter Trauerarbeit. So sei es dem Petrus ergangen. Man hat die Berichte, an denen man bis dahin festgehalten hatte, die Visionen, auf diese Weise entmythologisiert.

Darüber hinaus sei das leere Grab eine Legende, weil man ohnehin an eine leibliche Auferstehung nicht glauben kann. Die Visionen von Frauen habe es alle nicht gegeben, weil die Evangelien ja spät seien, nach 70 bis 120 entstanden, daher können die Visionen der Frauen nicht echt sein, weil Paulus sie nicht kennt. Die Visionen der 12 Apostel seien spätere Legenden, die hauptsächlich der Legitimation des Zwölferkreises dienten. Besonders regt man sich auf, macht sich lustig und empfindet es als drastisch, wenn der auferstandene Jesus etwas ißt oder zu sich nimmt oder seine Wundmale zeigt. Über die Geschmacklosigkeit dieser späten apologetischen Legenden könne man nur lachen, weil sie allesamt nicht wahr sein können. Betrug sind alle Leidensweissagungen Jesu, der Menschensohn müsse sterben und auferstehen. Das seien Vaticinia e eventu, später eingeschobene Behauptungen, nachdem alles passiert war und Jesus als Prophet das alles vorher gewußt haben müsse.

Die Konsequenzen sind erheblich. Im Grunde genommen dient das alles der Illustration der bekannten These Bultmanns: Kein Handeln Gottes am toten Jesus, sondern Ostern ist die Entstehung des Glaubens in den Herzen der Jünger. Weil das so war, kann kein historischer Bericht auch nur in die Nähe des Wahrscheinlichen oder des Relevanten kommen. Ostern ist eigentlich nicht gewesen. Die Jünger hätten sich vielleicht nach Karfreitag zusammengesetzt und überlegt, wie die Sache Jesu weitergehen könne. Sie hätten also gewissermaßen ein Brainstorming gemacht, dieses habe man später durch Visionen ersetzt.

Ostern war also kein historisches Ereignis, und nur die Blickrichtung hat sich verändert. Für die Theologie konstitutiv ist der sogenannte Ostergraben, d.h., Jesus hat als humaner pazifistischer Jude vom Reich Gottes gepredigt, nach Ostern hat sich der Blick grundsätzlich geändert. Man dogmatisierte Jesus, und zwar auf Kosten des Judentums, erfand die Kirche, fand die Dogmen, man belastete die Menschen durch Dogmen. Es ist immer wunderbar, wenn man zeigen kann, daß diese Belastungen alle gar nicht nötig gewesen wären, wenn die Jünger nicht die Dogmen und die Kirche erfunden hätten. Der Ostergraben trennt von Jesus. Jesus hat nur an den kommenden Gott gedacht, und seit Ostern denkt man vor allem an Jesus und erfindet die Lehre von der Trinität. Jesus macht nach Ostern Karriere, wird vom Handwerkersohn aus Nazareth zum Mitglied der Dreifaltigkeit. Diese Karriere ist mit dem Konzil von Nizäa 325 abgeschlossen, indem er dann gewissermaßen oben angelangt ist. Eigentlich wäre es viel schöner, sich an dem historischen Jesus vor Ostern als Genie zu erwärmen.

Das Gemeinte sei anhand einer blind herausgegriffenen Passage aus dem Markus-Kommentar des angesehenen Münchener katholischen Exegeten Joachim Gnilka (Evangelisch-Katholischer Kommentar II/2, Einsiedeln-Neukirchen 1979, 349 f.) dargestellt.

Über die Passionserzählung heißt es hier: »Dieser Abschnitt ist gekennzeichnet durch die Reflexion mit Hilfe der Psalmen ... Der Abschnitt bietet theologisch gedeutete Geschichte. Die Deutung geschieht von Ostern her. Die Leidenspsalmen, insbesondere Psalm 22, kamen ... dieser Deutung entgegen ... Die Urpassion ist vormarkinisch erweitert worden. Die Erweiterungen zielen insbesondere darauf ab, daß Jesus freiwillig und souverän den Leidensweg angetreten hat (14,17-21.29-31) ... mit Hilfe der ... sekundären Geschichten 11,2-7; 14,12-16, die Jesu Vorauswissen betonen, verknüpft worden. Gleichzeitig erfuhr die Urpassion eine Überarbeitung, die das Leiden Jesu im Licht apokalyptischer Motive deutete (Anm.: Hierzu zählen wir 14,21.35b.41b.51f.57-59.62b; 15,25.29b.30. 33. 37a. 38)...«

Diesen Abschnitt beurteile ich wie folgt:

1. Wo das Vorherwissen Jesu betont wird, ist der Text sekundär.

2. Wo Psalmen zitiert oder erfüllt werden, geschieht das »von Ostern her«. Das heißt: Die Gemeinde hat dieses nachträglich konstruiert, das gilt besonders für Jesu Schrei am Kreuz nach Ps 22,1. – Hier darf man z. B. fragen: Warum kann etwas nicht geschehen sein, weil es in den Psalmen steht?

3. Der Ausdruck »theologisch gedeutete Geschichte« geht von der höchst anfechtbaren Voraussetzung aus, als komme Theologie stets zur Geschichte hinzu. Der Exeget ist offensichtlich derjenige, der zumindest potentiell beides scheiden kann.

4. Die »Überarbeitung« mit den vielen sekundären Versen enthält zum Teil Jesusworte oder Einzelheiten der Passion. Festzustellen, daß es sich hier um »apokalyptische Motive« handelt, genügt also, die Worte oder Ereignisse auszumanövrieren. Ideologische Voraussetzung: Jesus war nicht Apokalyptiker. Auch das entstammt der Bultmann-Schule (künstlicher Unterschied zwischen Eschatologie und Apokalyptik).

Ich muß daher feststellen: Gerade dann, wenn man nur ein wenig auf die Praxis katholischer Universitätstheologie in Deutschland blickt, muß man auf Schritt und Tritt die Destruktion der Historie vom vermeintlichen Grunddogma des Ostergrabens her feststellen.

Die Folgen für die Kirche, die aus dieser Exegese hervorgehen, sind:

1. Jesus hat keine Kirche gestiftet.

2. Die christologischen Titel, die Grundlage der christologischen Dogmatik, z. B. Christus oder Herr oder Menschensohn sind nach Ostern erfunden worden, und nach dem Buch von G. Theißen und A. Merz »Der historische Jesus«, das in vielen Fakultäten den Examina zugrunde gelegt wird, nachösterlich. Jesus war nicht so, sondern die Kirche hat ihn dazu gemacht.

3. Bezüglich der besonderen Wunder Jesu – Jesus war eine Art

Wunderrabbi – hat man sich vom Judentum sagen lassen, daß alle Wunder, die nicht psychosomatisch erklärbar sind, nachösterliche Erfindungen, Produkt der Phantasie der Gemeinde sind. Dazu gehört zum Beispiel die Auferweckung des Lazarus, die gar nicht stattgefunden haben könne, ferner etwa Jesu Wandeln auf dem Meer.

4. Massenhafte Erzeugung von unechten Jesusworten durch kirchliche Autorität. Diese Behauptung ist im Grunde genommen eine ständige Unterstellung von Betrug. Man wußte auch in der Antike, was Fälschung bedeutet, diese war moralisch geächtet. Man soll also nicht sagen, daß irgendwelche Propheten Jesusworte erfunden haben, sondern Jesus solche Worte zu unterstellen war ein Delikt im Sinne der Urkundenfälschung. Aber die Exegese lebt davon. Es gibt unterschiedliche Meinungen darüber, ob es 15 oder 30 echte Jesusworte gebe, aber mehr als 30 sind es zumeist eben nicht. In die gleiche Richtung geht die Gelehrtenmeinung, daß alle Evangelien in Kleinasien entstanden sind und überhaupt nichts mit Jesus zu tun haben. Nichts, kein Wort, keine Tat, Jesus hat es zwar gegeben, aber mehr wissen wir eigentlich nicht, alles andere ist Mythos.

Die Folge für die Kirche ist nach der Auslegung Bultmanns die Irrelevanz des Übernatürlichen, d.h., die Wirklichkeit Gottes kommt darin nicht vor. Alles Wichtige im NT ist nur Moral. Doch die Bergpredigt hängt ohne die Wirklichkeit Gottes und Jesu Christi, ohne Auferstehung völlig in der Luft. Warum in aller Welt soll man sich dann an die radikalen Forderungen der Bergpredigt halten? Es ist nicht zu begreifen, warum man die radikalen Forderungen der Bergpredigt halten soll, wenn der personale Bezug zu Gott und Christus nicht gegeben ist. Es geht nämlich um eine haarsträubend radikale Ethik, die man eigentlich nur im Glauben an kommende Auferstehung und kommendes Reich Gottes erfüllen kann. Die Irrelevanz des Übernatürlichen ist hier die Irrelevanz der Geschichte; denn wenn die Taten Jesu ohne Echo unter den Tisch fallen und die Geschichte der Kirche eine Folge menschlicher Erfindungen ist, dann ist die Geschichte im ganzen nicht theologisch relevant. Und so genau hat Bultmann geurteilt, als er gesagt hat: Über den historischen Jesus wissen wir sonst nichts, und im übrigen ist es auch gar nicht wichtig für den Glauben, weil jede historische Stütze eine Art Werkgerechtigkeit wäre und uns vom »Sola fide« abbringen würde. Allein der Glaube und nicht Fakten stützen uns. Das ist zwar nicht im Sinne Martin Luthers, der das anders gemeint hatte, weil er von der Frage der guten Werke und der ewigen Seligkeit ausgegangen ist. Luther hätten wohl die Haare zu Berge gestanden, wenn er das gehört hätte; denn natürlich hält Luther fest an der Historizität der neutestamentlichen Berichte. Der Glaube braucht diese Berichte, weil wir Menschen schwach und angefochten sind, wie Luther meint. Für seine späteren »Kinder« ist das alles unwichtig, weil man ja mit der Zeit gehen muß und die historische Skepsis in vollen Zügen inhaliert.

Übrigens ist Bultmann in Reinform konsequent auf die katholische Dogmatik übertragen worden, nämlich von G. Hasenhüttl in Saarbrücken, der unangefochten seit dreißig Jahren Religionslehrer im ganzen Saarland ausbildet. Ich habe schon vor Jahren in der FAZ seine Dogmatik rezensiert. Hier kann man lesen, welche Konsequenzen Hasenhüttl aus der Methode Bultmanns zieht. Er fordert nämlich mehr Buddhismus im Christentum. Dem Buddhismus ist in der Tat alles egal, weil man sich von allem lösen muß, insbesondere von aller Personalität. Die Relevanz der Geschichte hat sich in der späteren Bultmannschule etwas geändert, so etwa bei Günther Bornkamm in Heidelberg und bei der neueren Heidelberger Schule. Jetzt schätzt man Sozialgeschichte höher, und meine eigenen Schüler sind dabei, die Dinge archäologisch voranzutreiben. Einer meiner Schüler berichtet von spannenden Funden in Tiberias aus dem ersten Jahrhundert nach Christus.

Im ganzen wird christlicher Glaube radikal in seinen Grundlagen zerstört. So wissen zum Beispiel junge katholische Theologen nicht mehr, warum sie den Zölibat halten sollen, das erscheint angesichts solch verheerender Einbrüche in die Grundlagen des Christentums völlig überflüssig. Mit dem, was man in der Exegese lernt, damit kann man eigentlich kein katholischer Priester werden. Das ist der Erfolg dieser Art der Exegese. Das gemeinsame Examensbuch von Conzelmann und Lindemann ist überall die Grundlage für theologische Examina. Im Juli vorigen Jahres wurde mir ein Protokoll einer Religionslehrerfortbildung der Diözese Regensburg zugeschickt mit der Bitte um Beurteilung.

Zweites Beispiel neben Ostern sind die Kindheitsgeschichten. Bei diesen Geschichten ist es besonders anstößig, wenn einer noch an

Mariä Verkündigung glaubt. Man ist inzwischen auch von katholischen Bischöfen gewohnt, religionsgeschichtliche Entsorgungen zu hören, die sie im Studium gelernt haben. Im Studium lernt man, die spätere Gemeinde habe, um die wunderbare Entstehung Jesu in eine Form zu bringen, zurückgegriffen auf die hellenistischen Mythen über die Entstehung von Helden. Darin ist es jeweils so, daß die Götter Ehebruch treiben mit einer menschlichen Frau in menschlicher Gestalt oder in Gestalt einer Schlange, woraus dann ein Held entsteht. Z.B. schildert Plutarch in seinem Vitae parallelae die Entstehung Alexanders des Großen. Ein so großer Held muß auf wunderbare Weise entstanden sein. Philipp von Mazedonien sieht, bevor er erblindet, wie eine gleißende Schlange sich seiner Frau nähert, um sie zu befruchten, nämlich mit Alexander dem Großen. Der jüdische Historiker Josephus bringt eine Geschichte, daß eine junge Dame, die gegen Männer resistent gewesen sei, einen Verehrer, der sich als Gott Anubis, der mit ihr schlafen wolle, erhört habe. Josephus berichtet spöttisch über dergleichen heidnische Ehebruchgeschichten mit Göttern.

Hat die frühe Gemeinde nichts anderes im Sinn gehabt als zur Illustration der Bedeutsamkeit Jesu auf diese frivol-pikanten Geschichten zurückzugreifen? War das gemeint? Es scheint völlig absurd angesichts des judenchristlichen Charakters der Kindheitsberichte, daß die spätere christliche Gemeinde auf griechische Mythen zurückgegriffen hätte. Vielmehr ist es so, daß es sich um das Motiv und die Wirklichkeit der besonderen Kindschaft handelt, die wir aus dem Alten Testament kennen, und zwar der Auserwähltheit vom Mutterleib an, die die Propheten von sich behaupten, die Paulus von sich behauptet und die bei Johannes dem Täufer gesteigert wird. Eine Verstehenshilfe für das, was Maria erfahren hat, ist: Über die Propheten heißt es: vom Mutterleib an erwählt oder geheiligt, von Johannes dem Täufer wird gesagt: vom Mutterleib an erfüllt mit Heiligem Geist, und Jesus ist entstanden durch den Heiligen Geist. Dieses sind die theologischen Kategorien, die in Jesus erfüllt und gesteigert werden: entstanden durch den Heiligen Geist. Und da wir das Kapitel über den Täufer in Lk 1 haben, ist es nicht abwegig zu sagen, dieses sei der Rahmen, der bereitliegt, aufgegriffen, erfüllt wird, innerhalb dessen Maria die mystische Erfahrung bei Entstehen der Schwangerschaft – Umhüllung durch Gottes Gnade im Heiligen Geist – gemacht hat. In diesem Rahmen konnte die Gemeinde Jesus verstehen, und zwar aus dem Judentum und aus dem Schema Verheißung und Erfüllung. In der katholischen Exegese macht man dagegen die Protestanten nach. Die Substanz des Glaubens zerbröselt also gerade angesichts der vom Konzil betonten Rolle der Schrift, wenn man nur die Exegese der Protestanten übernimmt. Wenn evangelische Christen sagen, Katholiken sollten endlich schriftgemäß werden und sein, dann kann das zweierlei bedeuten: Entweder man soll die liberale Exegese einführen oder das »Sola scriptura«. Etwas orthodoxer reformatorisch gesprochen: Beim Sola scriptura erklären selbst gestandene Dogmatiker, daß man das gar nicht durchführen könne. Im Neuen Testament gibt es allein 13 verschiedene theologische Entwürfe. An welche soll man sich denn nun halten? Und was heißt Sola scriptura für die evangelischen Landeskirchen, wenn unter diesem Prinzip beschlossen wird, die Schwulensegnung einzuführen. Was ist da Sola scriptura als protestantisches Prinzip?

Wenn es bei Paulus um die Lasterkataloge geht, dann urteilt man, das Verbot der Homosexualität sei zeitbedingt. Warum nicht gleich beim Diebstahl auch? Das führt zur Kritik an der historisch-kritischen Methode. Als Alternative wird oft der Fundamentalismus genannt. Die Alternative zur historisch-kritischen Methode heißt nicht Fundamentalismus. Aus gegebenem Anlaß muß ich sagen, was mich vom Fundamentalismus unterscheidet.

1. Fundamentalismus besteht darin, unabhängig von Gattungen alles wörtlich zu nehmen, also z. B. nach dem Gasthaus zu suchen, in dem der barmherzige Samaritaner den Verletzten versorgen ließ. Es geht da der Gattung nach um eine Beispielerzählung und gerade nicht um einen historischen Bericht. Oder zu fragen, wie in der Beispielerzählung vom verlorenen Sohn der Vater und der Bruder hießen. Ein Gleichnis vom verlorenen Sohn oder eine Beispielerzählung – solche Texte sind nicht historisch zu nehmen. Das kann man schon an den Einleitungsformeln erkennen. Ich gehöre nicht zu den Leuten, die alles in gleicher Weise wörtlich nehmen, die aber bis zum Erweis des Gegenteils das ernstnehmen, was als Bericht gemeint ist.

2. Im Fundamentalismus werden Wunder mechanisch erklärt. Für solche Erklärung bietet Mk 6,5 (Jesus konnte in Nazareth kein Wun-

der wirken) ein Problem. Deshalb sagt man, daß Jesus kein Wunder wirken konnte, weil die Leute ungläubig waren. Nach meiner Auffassung herrscht kein Zweifel an der Macht Jesu, nur ist Wunder ein Geschehen, das manchmal und gerade in solchen Fällen wie in der Vaterstadt eine Empfänglichkeit dafür voraussetzt. Warum soll sich jetzt die Allmacht Jesu mechanisch durchsetzen? Warum soll das nicht sein, daß Jesus dort, wo die Menschen gegen ihn sind, kein Wunder vollziehen kann? Aber Fundamentalisten bestehen darauf, daß Wunder mechanisch erklärt werden, denn wenn Jesus allmächtig war, war er es immer, und dann wollte er nur zur Strafe nicht.

3. Der Auferstandene war nach fundamentalistischer Ansicht wiederbelebt. Beim Auferstandenen geht es aber nicht nur einfach darum, daß Jesus wieder lebendig war und daß man ihm in der Vision gegenüberstand, wie man dem Briefträger am Briefkasten begegnet. Fundamentalismus ist sturer Rationalismus und genauso eigensinnig und töricht mit der gegenteiligen Konsequenz. Rationalismus sagt, weil ihr das wörtlich nehmt, kann es nicht gewesen sein, Fundamentalismus sagt, es müsse genauso gewesen sein, wie wir es wörtlich verstehen. Daß der Auferstandene einen verwandelten Leib hatte, das weiß jeder halbwegs gebildete Christ. Mit einem nur wiederbelebten Leib kann man nicht durch verschlossene Türen gehen. Wenn man nur einen wiederbelebten Leib hat, kann man nicht einfach verschwinden wie Jesus in Emmaus. An der Leiblichkeit halte ich absolut fest, aber nicht in diesem naturalistischen Sinne.

4. Fundamentalismus ist ein mechanisch angenommener Zusammenhang zwischen Beten und Glauben und Wunder. Wenn dann kein Wunder geschieht, sagt man: Die Leute sind selbst schuld, weil sie nicht genug gebetet und geglaubt haben. Das führt ganz häufig zu schlimmeren Schuldgefühlen und Vorwürfen, als ob der Herrgott nicht seine Freiheit hätte. Wunder sind freie Gnadengeschenke Gottes. Hier ist der Fundamentalismus wieder in einem Trend, der rein mechanisch, rein additiv ist.

5. Fundamentalismus leugnet jede dogmengeschichtliche Entwicklung, d.h., alles sei in tridentinischer Reinform im Neuen Testament enthalten. Dazu muß man fragen, warum es überhaupt noch Konzilien gegeben habe, warum Leute mit Leidenschaft über den Glauben gestritten haben. Das muß man sehr ernstnehmen, und man

bricht sich keinen Zacken aus der Krone, weil doch im Neuen Testament alle wichtigen Dinge grundgelegt sind. Man muß sehen, daß es in vielen Dingen erst nach längerer Zeit zur Klarheit kommen konnte.

Es geht also um diese fünf Punkte: littera, omnipotentia, Naturalismus, quantitas und sine historia, die den Fundamentalismus ausmachen: littera: alles wörtlich nehmen; omnipotentia: mechanisches Verständnis von Allmacht; Naturalismus: der Auferstandene hatte einen schlicht wiederbelebten Leib; quantitas: es kommt nur auf die Menge des Glaubens und der Gebete an; sine historia: Dogmen sind zeitlos. So weit zum Fundamentalismus.

Warum ist die historisch-kritische Methode so faszinierend? Ich gestehe gern zu, daß ich dieser Faszination ein paar Semester verfallen bin. Insbesondere die dreißig Jahre Heidelberg waren für mich aber eine wunderbare Kur. Wo führt es hin, wenn das Christentum nur aus Vernunft und Moral besteht? Kollegen sagen ausdrücklich, sie glaubten nur an die Vernunft und daß Gott mit Vernunft identisch ist. Das ist eine klare Aussage, über die ich sagen möchte, daß sich Blaise Pascal im Grabe umdrehen würde, der an den Gott Abrahams, Isaacs und Jakobs glaubt und eben nicht an den Gott der Philosophen, und ich würde hier mit Pascal und gegen die Aufklärer für den Gott der Bibel optieren.

Woher kommt die Faszination der historisch-kritischen Methode?

1. Sie wirkt unfehlbar. Diese Unfehlbarkeit taugt wunderbar als Instrument der Kirchenkritik. Wenn man gegen den Zölibat, gegen übertrieben häufige Meßfeiern ist, wenn man frommen Betrieb über ist, dann eignet sich historische Kritik wunderbar. Man kann damit sagen, Jesus hat gar kein letztes Abendmahl gefeiert, Jesus war gegen den Kult. Die Art der Unfehlbarkeit wird besonders von Katholiken angenommen in Abhängigkeit von den protestantischen Exegeten. Ich muß zwei Personen nennen, die so unterschiedlich sein mögen, wie sie sind, die aber sich durch diesen Glauben an die Unfehlbarkeit der protestantischen Exegese auszeichnen. Das ist auf der einen Seite Walter Kasper mit seinem Buch »Jesus, der Christus« und auf der anderen Seite Hans Küng, der wirklich abhängig ist von protestantischer Exegese und diese an die Stelle der Unfehlbarkeit setzt, weil er offenbar als Systematiker Exegese nie wirklich ausgehalten hat und

nicht weiß, welche Vorentscheidungen hier eine Rolle spielen. Es sind philosophische aus dem vorigen Jahrhundert (s. mein Büchlein »Exegese und Philosophie«). Es war für mich selbst eine wichtige Erkenntnis, die Abhängigkeit der Exegeten von den Philosophen festgestellt zu haben. Wenn man das durchschaut hat, glaubt man nicht mehr an die Unfehlbarkeit der historisch-kritischen Methode.

2. Die historisch-kritische Methode ist radikal, und diese Radikalität wird mit der biblischen verwechselt. Theologen sind gerne radikal. Das ist ihr gutes Recht, und es ist wunderbar und erfrischend. Die historisch-kritische Methode ist rattenscharf, sie ist kompromißlos, ehrlich, sie geht ohne Rücksicht auf Verluste vor, sie ist kirchen- und damit autoritätskritisch. Was will man mehr!? Daß dieser Autoritätskritik selber eine Autoritätshörigkeit zugrunde liegt, die schlimmer nie war, nämlich Hörigkeit gegenüber Bultmann, Bornkamm, Conzelmann, Lindemann und wie sie alle heißen, deren Konsens niemand zu hinterfragen wagt, das übersieht man. Aber man kommt sich vor als autoritätskritisch, weil man halt mit dieser Methode ideologischen Mißbrauch meint kritisieren zu können, ohne die eigene Ideologie zu durchschauen. Die historisch-kritische Methode ist radikal, und diese Radikalität wird leider mit der biblischen verwechselt. Biblische Radikalität ist auch erfrischend, aber sie kostet etwas. Sie richtet sich nicht gegen andere, sondern zunächst einmal gegen alte Gewohnheiten.

3. Die historisch-kritische Methode ist Instrument der gelehrten Elite und schafft einen Wissensvorsprung und eine willkommene Unterscheidung gegenüber Volkskirche und Volksglauben. Dieser Wissensvorsprung ist faszinierend vom ersten Semester an, um Traditionen der Kirche zu relativieren. Man fühlt sich erhaben über 2000 Jahre Volksfrömmigkeit. Man will und kann die dumme Volkskirche mit 2000 Jahren praktizierter Frömmigkeit nicht beachten. Das führt zu einem besonderen Klerikalismus, den keiner von uns will. Man sollte die klassische Volksfrömmigkeit mit Latein und Marienwallfahrten unterstützen, aber nicht zerstören. Genau das geschieht bei der historisch-kritischen Methode prinzipiell, und es ist faszinierend, auf diese Weise vom ersten Semester an einen elitären uneinholbaren Wissensvorsprung zu haben. Diese Elitebildung ist in der Kirche notwendig, aber früher geschah das anders, und zwar im Rahmen einer

monastischen Spiritualität. Das ist säkularisiert worden als historisch-kritische Methode mit den bekannten Konsequenzen.

4. Die historisch-kritische Methode ist faszinierend. Diese Faszination ist getreten an die Stelle der Schönheit des Glaubens und der Liturgie. Faszinierend schon, weil man damit alles machen, alles entlarven kann, aber eine Entlarvungsfaszination, die üblich ist bei Kriminalisten oder Journalisten. Manche haben die Neigung zu entlarven. Das ist eine Faszination des Kriminalkommissars, aber das ist die einzige.

5. Die historisch-kritische Methode wirkt befreiend, aber dadurch letztlich leider destruktiv. Das nannte man früher Durchblick oder Fähigkeit der Gewichtung. Befreiend schon, weil viele Leute sagen, daß sie sich viel freier fühlen, seit sie nicht mehr alles wörtlich nehmen müssen und die Osterberichte sich nur als Legende darstellen. Es ist zu beachten, daß das die Faszination Bultmanns nach dem Zweiten Weltkrieg war, statt das strenggläubige Christentum fortzusetzen, notwendige Befreiungen, erwünschte Befreiungen. Diese funktionierten ähnlich wie die Befreiungen nach dem II. Vatikanum. Sie wirkten aber leider so, daß man dann sagte: Jetzt war's das dann wohl. Die Befreiung wird genossen, aber es bleibt letzten Endes Gestaltlosigkeit. Das ist bei der historisch-kritischen Methode genau so, deshalb hat sie ihre Faszination und ihre befreiende Wirkung längst verloren. Sie hatte ihren Höhepunkt in den 50er und 60er Jahren durch Conzelmann oder Käsemann, die die großen Stars waren. Sie wanderten durch Amerika und verwirrten dort die Leute. Mittlerweile sind sie völlig langweilig geworden. Hier ist nichts mehr, außer daß der Glaube radikal in Frage gestellt wird. Vielleicht gibt es in zwanzig Jahren eine Richtung, die alles ganz anders sieht. Dafür möchte ich ein paar Wegmarken abstecken, wenn es irgend geht.

Wir stellen fest: die Faszination war erwünscht. Jede Kirche muß das einmal mitmachen. Es gibt eine notwendige Phase der Aufklärung, an deren Ende viel Zerstörung steht, so gibt es nach dem nachkonziliaren Katholizismus eine notwendige Phase der Aufklärung, die nachgeholt werden muß. Am Ende der Zerstörung steht in der Kirche immer jedenfalls viel Neues, das ist unsere gemeinsame Hoffnung. Es wird wohl keine Frage von Generationen mehr sein. Die junge Generation von Kaplänen gehört sozusagen zu meinen tagtäglichen Kunden. Das zeigt den Pendelausschlag in die andere Richtung und läßt hoffen. Daß ich in Heidelberg in der bevorzugten Lage war, die Konsequenzen früher zu merken, war mein Vorteil und verstärkte meinen tief eingeprägten Diasporakatholizismus, in dessen Sinne ich auf diese Weise in Heidelberg weitergefochten habe.

Die Hauptschadensgebiete sind erheblich, nämlich Mariologie, Ekklesiologie und Eucharistie, aber auch Christologie und Dreifaltigkeit. Zur Ekklesiologie: Wenn die Kirche eine rein menschliche Erfindung ist, wie man das dauernd im Fach »Neues Testament« lernt, dann ist das ein Tiefschlag auch gegen die Dreifaltigkeit. Dreifaltigkeit und Kirche gehören in unserem Glauben zusammen. Der Heilige Geist hat seine Kräfte in uns gemeinsam, nicht in jedem einzelnen Christen für sich, sondern es sind die gemeinsamen Kräfte des Heiligen Geistes, und deshalb hängt die Dreifaltigkeit mit der Kirche zusammen. Nur im Christentum gibt es Dreifaltigkeit und Kirche, genau diese beiden Doppelhälften.

Wie könnte sich die theologische Situation weiter entwickeln? Physiker sagen uns noch heute, daß sie an die Auferstehung Jesu nicht glauben können, weil das den Naturgesetzen strikt widerspreche und daß nicht nur die Frage des Todes, sondern auch das Wandeln auf dem Meer nicht sein könne wie auch die Speisungsgeschichten. Diese seien das Aberwitzigste aus dem Neuen Testament. Das logische Problem: Theologen behaupten, daß Dinge, die naturwissenschaftlich unmöglich sind, sehr wohl möglich sind unter dem Aspekt Gottes. Naturwissenschaft sagt, Schwerkraft ist so dominant, daß es überhaupt nicht vorstellbar ist, daß es anders sein könnte. Die Biologie sagt: tot ist tot, und kein Mensch kann das wiederbeleben, schon gar nicht nach drei Tagen. Davon war Lazarus betroffen und Jesus selbst, weil die Verwesung schon so weit fortgeschritten war, daß nichts mehr zu retten war.

Es geht um die Frage, wie weit wir Wirklichkeit überhaupt reichen lassen, ob unsere Wirklichkeit sich dem Diktat von Physik und Biologie überhaupt beugen muß, ob nur das wirklich sein kann, was Physiker und Biologen für möglich halten, oder unter welchen Bedingungen andere Bereiche der Wirklichkeit stehen. Es geht meines Erachtens in vielen Fällen, z. B. bei Auferstehung und Schwerkraft, um die Frage der Wirklichkeit und damit um die Probleme der Kraft.

Die Aufhebung der Gravitation ist möglich – das Wandeln auf dem Meer ist eine Aufhebung der Gravitation – bei entsprechender Kraft. Wer diese Kraft dauerhaft in sich hat, kann auch auf dem Meer spazierengehen. Ähnlich geht es bei der Aufhebung des Todes um Schöpfermacht: Wie weit kann Schöpfermacht hier in irdischen Geschehnissen und Prozessen wirksam werden? Die Bibel verwendet das Wort Macht (εξουσια) oder Kraft, denn bei diesen Wundern wird eine Kraft aus einem nicht kausal erklärbaren Bereich angenommen, und zwar häufig eine körperliche Vitalkraft. Nicht irgendwo passiert etwas, sondern am menschlichen Leib, auch bei Jesus. Nicht irgendwelche Kraft, sondern speziell bezogen auf Menschen. Wir kennen einen besonderen Fall solcher Kraft nach einer häufigen Äußerung Jesu, wo gerade die Kräfte der Selbstheilung entbunden werden: »Dein Glaube hat dir geholfen, dein Glaube hat dich gerettet.« Das ist offenbar so: Jesus verkündet das Evangelium, der betroffene Mensch glaubt an Jesus und durch Jesus an Gott, richtet sich also weg von sich selbst, und das weckt die Kräfte der Selbstheilung in ihm. Das Wunder ist hier, diese Mitte in Gott, in Jesus gefunden zu haben, und dadurch kann der Körper sich wieder helfen. Bei Speisungsgeschichten kommen wir an eine Grenze, wo es absolut unerklärbar wird. Nun könnte man sich durch die Naturwissenschaften auf ein falsches Gleis führen lassen, nur das gelten zu lassen, was Physiker für möglich halten. Sie sind nicht der Maßstab, sondern wenn Theologie, wenn Kirche gehört werden will, muß sie ein Selbstbewußtsein wiedergewinnen, das nicht nach der Pfeife der Naturwissenschaften tanzen darf. Umgekehrt ist zu fragen: Seit wann dürft ihr behaupten, jede nur mögliche Wirklichkeit erklären zu können? Es geht hier um eine Kraft, deren Ursprung nicht kausal erklärbar ist. Das ist gegen die üblichen Prinzipien der Naturwissenschaft, aber es geht um die Unerklärbarkeit Gottes. Gott muß weder erklärt noch zurechtgelegt werden. In der Bibel vom Alten Testament bis zur Offenbarung des Johannes begegnet man dem heiligen persönlichen Gott als jemandem, den man nicht berechnen kann und darf, der einen zum Staunen bringt mit seiner Wirklichkeit.

Folgende Punkte möchte ich vorschlagen zur Sanierung der Exegese:

1. Neufassung der Formgeschichte. Formgeschichte ist die Frage

nach den literarischen Gattungen und nicht zu verwechseln mit der Frage nach der Historizität. Es ist klar, daß die Formen der Überlieferung Gestalt gewonnen haben in literarischen Gattungen. Die Tatsache literarischer Formen besagt nicht, daß etwas nur Literatur ist, sondern so als historische Überlieferung Gestalt geworden ist, und die Gestalt selbst ist ein Element, mit dem man etwas sagt über das, was man berichtet. Die Neufassung der Formgeschichte heißt in der Regel: Abtrennung von der Frage der Historizität.

2. Eine biblische Spiritualität ist wiederzugewinnen. Die Bibel darf nicht nur als Steinbruch für Zitate gelten oder als etwas, was man in angeblich fragwürdigen Geschichten vor sich sieht, sondern ist als Quelle der Spiritualität zu lesen, so daß man die Bibel gern hat. Das wird den Studenten von Beginn des Studiums an ausgetrieben. Es bleibt buchstäblich nichts übrig. Anton Vögtle, absolut enthaltsam von jeder Art von Theologie und Spiritualität, hat in seinem Buch über die Menschensohnfrage geschrieben mit dem Resultat, daß Jesus niemals vom Menschensohn geredet hat; alles sei Gemeindebildung. So stelle ich mir biblische Spiritualität eben nicht vor, sondern so, daß man sich orientiert an den großen Bildern, die die Bibel hat, z. B. Feuer und Wüste, am Staunen, und daran, wie man in der Kirche diese Traditionen verarbeitet.

3. Monastische Exegese muß man neben scholastische stellen. Scholastische Exegese ist das, was wir im Studium betreiben mit Autoritäten und Ratio seit dem Mittelalter. Das sieht bei Thomas nicht anders aus als in der Gegenwart. Dies ist von einer gewissen Langweiligkeit geprägt. Daher halte ich eine Ergänzung durch monastische Exegese für nötig. Das kann man bei den Mystikern des Mittelalters nachlesen, bei Bernhard von Clairvaux gut verständlich, bei Tauler etwas schwieriger, bei Nikolaus Cusanus in seinem Buch über die Schau Gottes wunderbar. Monastische Exegese heißt, die Daten mit Tiefgang verarbeiten, die Texte nachformulieren als Gebet. Gerade bei paulinischen Texten mache ich die Erfahrung, daß man sie erst versteht, wenn man sie als Gebet formuliert. Paulus sagt ja: Betet ohne Unterlaß.

4. Eine phänomenologische Beschreibung, die weiter reicht als eine kausale Erklärung. Eine kausale Erklärung ist der Versuch, etwas verständlich, plausibel zu machen im Rahmen unserer menschlichen

Erfahrungen. Das reicht nicht, nicht einmal als Motivation der Mutter Gottes über das Gebirge zu Elisabeth zu gehen. Phänomenologisch beschreiben heißt, nicht alles in die Kausalität hineinzuzwingen, sondern sich der eigenen Gesetzmäßigkeit der Bibel zu widmen. In dieser Hinsicht ist die hl. Edith Stein für mich ein besonderes Vorbild. Sie war Schülerin von E. Husserl und hat die phänomenologische Methode mit Husserl zusammen entwickelt. Diese Methode praktiziert man dann, wenn man sich einem Phänomen aussetzt und es beschreibt. Es geht darum, daß man sich an einem Phänomen und seinen Gesetzmäßigkeiten orientiert, das ist eine Erweiterung des Horizontes, ein schonendes Prüfverfahren, das die Bibel nicht kaputt macht, sondern ihr mit Sorgfalt begegnet, und das ist wünschenswert.

5. Eine Rekonstruktion von Ereignissen, z. B. den Ablauf der Osterereignisse. Man muß alle Osterereignisse stehen lassen und darf sie nicht auf zwei reduzieren, z. B. unter Ausschluß alles dessen, was die Frauen erlebt haben. Es geht darum, keinen Bericht zu opfern, dafür sind sie alle zu kostbar, sondern sie in eine denkbare Abfolge zu setzen. Das darf man tun ähnlich dem, was der Gibson-Film mit der Passion Jesu tut, um einen plausiblen Ablauf zu gewinnen. Es gibt übrigens keine wissenschaftlich ausreichende Geschichte des Urchristentums, was seine Gründe hat in der Abstinenz der Geschichte und darin, daß man sie für unerheblich hält.

6. Mit mystischer Faktizität rechnen. Mystische Fakten haben sich ereignet, z. B. Ostervisionen, die Erscheinung des Engels bei Mariä Verkündigung. Das »leere Grab« ist keine Legende, weil es Engel nicht gibt und geben kann, sondern es handelt sich um Ereignisse, und zwar historische Ereignisse in Raum und Zeit mit Menschen, die dieses erfahren haben, auf die es Wirkungen hatte, aber es sind Erfahrungen, die selbst nicht kausal begründbar sind, sondern einen Einbruch Gottes in diese Welt darstellen, mit Konsequenzen, die man nicht als innerweltliche Ursachen erklären kann, die aber doch Folgen haben. Sie sind nicht einfach private Halluzinationen. Das scheint immer die einzige Alternative zu sein: entweder eine Vision wird fundamentalistisch erklärt oder als Legende. »Legende« soll eigentlich nur sagen, Jesus sei das Fundament, so etwa: Die Verkündigung an Maria bedeute nur, Jesus sei ein besonderes Geschenk. Das ist aber jeder Mensch. Das ist keine zureichende Deutung Jesu, son-

dern eine Zumutung. Deshalb sollte man von mystischer Faktizität ausgehen, mystische Erfahrungen in der Geschichte mit geschichtlichen Wirkungen an geschichtlichen Personen, die doch nicht innergeschichtlich erklärbar, aber trotzdem die wichtigsten sind: Mariä Verkündigung, Verklärung Christi, die Erscheinungen des Auferstandenen, Himmelfahrt, die Pfingsterfahrung – alle diese Berichte haben mit mystischen Erfahrungen zu tun, aber all diese Texte sind von Exegese ungeliebt, weil immer gesagt wird, daß es das nicht geben könne.

Schließlich gilt: Es gibt immer ungewollt eine Entsprechung zwischen der religiösen Praxis der Exegeten und dem, was sie von der Bibel annehmen.

28. Fußnote zur politischen Theologie von Johann B. Metz aus der Sicht der Apokalyptik

Die biblische Apokalyptik ist historisch gesehen Teil einer internationalen Bewegung von »nationalen« Widerstandsgruppen gegenüber den seit dem 5. Jahrhundert v. Chr. in ununterbrochener Folge bestimmenden Weltreichen. Das Phänomen Weltreich beginnt im Zweistromland und setzt sich bis heute fort.

Merkmale dieser Widerstandsgruppen sind: Es handelt sich jeweils um eine intellektuelle Elite, daher die Schriftlichkeit der Apokalypsen. Die intertextuelle Traditionsbildung ist ebenso eng und markant wie international. Das heißt: Die literarischen Produkte dieser Bewegung sind untereinander eng verwandt, es existiert eine relativ feste Schultradition, und diese äußert sich dennoch in diversen Kulturen. Eine hohe vermittelnde Bedeutung kommt allerdings der griechischen Sprache zu. Die Widerstandsgruppen rechnen mit einem Geschichtsverlauf, in dem sich der Ordnungsverfall bis zu einem Maximum steigert, auf das hin dann eine unvermittelte Wende eintritt. Nach der Wende wird ein neuer, gerechter König erwartet, der eine neue Ordnung gibt und ein Reich der Gerechtigkeit aufrichtet.

Die Widerstandsgruppen prangern Ungerechtigkeit und Versklavung durch die Reichen an. Sie verstehen sich jedoch als strikt pazifistisch. Dem entspricht, daß es häufig Märtyrer aus den Reihen dieser

Eliten gibt, die »martyres pagani«. Ihr Traditionshintergrund ist eher die »Weisheit« als die Priesterschaft. Von diesem historischen Phänomen her ist eine spezifische politische Theorie zu verstehen, die sich rekonstruieren läßt:

Die Elite formuliert das herrschende Unrecht im Namen und an Stelle der vielen rechtlosen Armen und ungerecht Behandelten. Aufgrund des oben genannten Geschichtsbildes ergibt sich eine fast dualistische Abfolge, die man auch Magnificat-Theologie nennen kann. Denn wer jetzt hoch ist, wird dann erniedrigt sein. Bezogen auf die betroffenen Menschen bedeutet das eine unumkehrbare Abfolge von Leiden und Herrlichkeit. Um der Radikalität der Äonenwende willen kann diese Abfolge nur scharf und unversöhnt sein. Wenn das Neue wirklich neu sein soll, dann müssen dessen Teilhaber geradezu zwangsläufig jetzt, unter dem alten System, leiden. Die Elite demonstriert dieses Leiden immer wieder im Martyrium. Die Vorläufer der künftigen Wende sind geradezu notwendig jetzt Märtyrer.

Die Option für die Leidenden und das Leiden bedeutet nicht Passivität, sondern sie ist der Rahmen für eine Ethik der Selbstzurücknahme, des Machtverzichts, der Freundlichkeit und Sanftheit. Im Evangelium nach Matthäus wird dieses dargestellt als Weg der Nachfolge Jesu auf dem Weg des Kreuzes. – Bei Paulus dagegen wird speziell dieses immer wieder zum Ausdruck einer Ethik, die durch den heiligen Geist bestimmt ist. Denn Friede, Liebe, Freundlichkeit und Sanftmut sind Früchte des heiligen Geistes. In der paulinischen Theologie äußert sich nämlich der Gegensatz zwischen Gott und Welt darin, daß in der Welt ein Geist der Gewalttätigkeit herrscht, der blinde Geist der Machthaber auf Erden. In 1 Kor 2,7-9 schildert Paulus diesen Geist. Er ist dem heiligen Geist Gottes entgegengesetzt.

Der Hintergrund der matthäischen Sanftmut und der paulinischen Früchte des Geistes ist die jüdische Weisheit. Nach Matthäus ist Jesus der vorbildliche Weise, der Form und Inhalt der Selbstanpreisung des alttestamentlichen Weisheitslehrers übernimmt (vgl. Mt 11,25-28). Und Paulus diskutiert in 1 Kor 2, ob die Könige wirklich »weise« waren, wie man es eigentlich von ihnen erwartet. Die Antwort: Wer aus Jesus einen Märtyrer macht, kann nur von der üblichen Torheit der Politiker und Machthaber besessen sein. – Schon in der internationalen Weisheit war längst das Bild des weisen Königs entworfen worden, der auf Waffengewalt nicht angewiesen war.

Im Judentum wird auch außerhalb des Neuen Testaments der Messias nach dem Bild des weisen Königs gezeichnet. Insbesondere deshalb wird er mit dem Weinstock verglichen, der im Verhältnis zu anderen Pflanzen und Bäumen als schwach und friedlich gilt. Insofern ist der Messias König des Friedens. Denn er stellt nicht nur im Resultat Frieden her, sondern er bewirkt dieses auch auf friedliche Weise.

So gilt: Bei Matthäus, in der Logienquelle wie im Corpus paulinum sind Ethik, Christologie (inklusive Deutung des Geschickes Jesu) und Eschatologie gleichermaßen bestimmt durch das Bild und das weit über die Apokalyptik hinaus zeitgenössische Ideal des weisen Königs. Unter den zeitgenössischen paganen Analogien ist besonders das Bild des Herrschers bei Dio Chrysostomus zu nennen (Herrscherspiegel).

Wie gezeigt wurde, betrifft das zugrundeliegende Bild politischer Wirklichkeit nicht nur den Herrscher, sondern längst vorher auch die intellektuelle nationale Elite und diese als Sprachrohr verarmender Schichten.

Unabhängig voneinander zeigen die sog. Henoch-Paränesen (äthiopisches Henochbuch, Kapitel 93-108) und die synoptischen Evangelien sowie die »Offenbarung« des Sehers Johannes eine enge Verknüpfung von Reichtum und Unrecht. Diese Verknüpfung ist wachsend, d.h., sie treibt einem apokalyptischen Maximum zu. Andererseits bestehen in der Ethik der Gewaltlosigkeit besonders enge Beziehungen zwischen dem Evangelium nach Matthäus (Bergpredigt) und dem slawischen Henochbuch.

Politisch wirksam wird diese Strömung nie als Massenbewegung, auch im Christentum nicht. Sie besteht immer nur als oppositionelle Minderheit. Im Christentum ist dieses besonders in Gestalt der christlichen Ordensgemeinschaften gegeben. Sie sind hinsichtlich Gewaltverzicht, Reichtumsverzicht und Enderwartung die Erben der Apokalyptiker. Insofern haben die Ordensgemeinschaften immer auch apokalyptische Erwartung wachgehalten, nicht zuletzt in ihrem Konzept des Wachens und Betens.

In der gegenwärtigen Situation ergeben sich darüber hinaus folgende Perspektiven: Grundsätzlich hat sich die Lage der Völkergemeinschaft seit dem Aufkommen der ersten Weltreiche im 5. Jahrhundert v. Chr. wenig geändert. Freilich sollte man den Blick nicht auf die Rolle der USA einengen, sondern stärker die großen Weltkonzerne beachten. Auch das Problem der nationalen Kulturen im Kontrast zur dominanten internationalen Kultur ist gravierend vorhanden Die sogenannte Globalisierung sollte wie zur Zeit des Neuen Testaments nicht nur die Herrschenden betreffen, sondern ihr könnte wie seit jeher die gleichfalls internationale Verbindung der »Apokalyptiker« gegenüberstehen. Das Christentum besitzt aufgrund seiner Entstehung, speziell wegen der Person Jesu, besondere Eignung dazu, in diese Bewegung eingezeichnet zu werden.

Wie ist die Rolle des einen und einzigen Gottes hier zu denken? Schon im Ursprung ist die Apokalyptik tendenziell monotheistisch. Die ägyptische Apokalyptik (Töpferorakel) orientiert sich am Sonnengott, der den neuen Herrscher vom Aufgang der Sonne, d. h. von Osten her, senden wird. Dieser Sonnengott war aber tendenziell der einzige Gott gewesen. Zumindest ist das neue Reich der Gerechtigkeit überall mit einem Gott verbunden, der über alle anderen Götter triumphiert und eben deshalb die neue Ordnung gewährleisten kann. – Es wurde gezeigt, daß dieser Monotheismus strukturell deshalb pazifistisch ist, weil dieser Gott allein die apokalyptische Wende herbeiführt. Seine Anhänger, die wahren Träger der Zukunft, sind eben deshalb strikt gewaltlos, weil in der bestehenden Welt sonst Gewalt und Reichtum so eng verbunden dominieren. – Es gibt in der Gegenwart »apokalyptische« Strömungen, deren Vertreter meinen, das Neue mit Gewalt herbeiführen zu müssen. Sie haben zumindest das Erbe der Apokalyptik verraten und sind ein gegenchristliches Zerrbild der wahren Apokalyptik. Schon die Offenbarung des Sehers Johannes rechnet freilich mit einer solchen Irreführung durch spiegelbildliche Entsprechung. Doch der Gewalttätige hat keine Zukunft (Apk 13,9-10). – Man kann daher nicht sagen, der Monotheismus sei strukturell gewaltbereit und hetze zum apokalyptischen Aufstand auf. Wahr ist vielmehr: Spätestens der Seher Johannes findet heraus, daß die wohltätige (weil gewaltfreie) Herrschaft des einen und einzigen Gottes jeweils ein teuflisch verzerrtes Gegenbild ebenfalls monokratischer Struktur hat: den römischen Kaiser. Wer den Monotheismus der Gewaltbereitschaft bezichtigt, verwechselt daher – im Sinne des Sehers Johannes – Gott und Teufel.

29. Zum Gottesbild des Feminismus
Konsequenzen für Theologie und Liturgie

Einerseits wird der Gott des Alten und Neuen Testaments ohne Zweifel als Spender des Lebens dargestellt, und die biblische Religion dreht sich in beiden Teilen der Schrift um den Begriff Leben. Dabei liegt durchaus ein einheitlicher Lebensbegriff zugrunde, da ewiges Leben nicht etwa als spirituelles Leben besonders abgegrenzt wird. Vielmehr geht es auch in den späteren Schriften nur um eine Vertiefung der generellen Lebenszusage durch den Gott Israels.

Andererseits wird kein Zweifel daran zugelassen, daß das irdische Leben von der Frau kommt, ja zum Namen Eva wird in Gen 3,20 ausdrücklich die Etymologie geliefert, sie sei »Mutter des Lebens aller, die da leben«. Die unübersehbare Tatsache des Ursprungs des menschlichen Lebens aus der Frau wird daher auch theologisch anerkannt.

Dennoch wird in der Regel von Gott wie von einer männlichen Person geredet. Es hilft in diesem Zusammenhang überhaupt nichts, die wenigen Stellen der Schrift zu strapazieren, in denen weiblich ausgerichtete Metaphorik auf Gott angewandt wird. Das war, weil theologische Sprache sehr oft wesentlich metaphorisch ist, zu erwarten, und es überrascht eher die Seltenheit der Belege.

Eine Klärung des Problems ist sicher nicht in der Auskunft zu suchen, daß Jahwe nach älteren und jüngeren Texten etwas mit Krieg zu tun hat, so daß deswegen nur männliche Metaphorik in Frage käme. Denn am Ende sind die Kriegs-Texte nicht repräsentativ, und die Antike konnte sich generell auch weibliche Krieger vorstellen. Das Problem besteht vielmehr darin, daß gerade angesichts des Begriffes »Leben« Gott dennoch männlich vorgestellt wird.

Eine Lösung des Problems muß sich daran orientieren, daß von Gott als Ursprung des Lebens *in anderer Weise* als von der Frau die Rede ist. Meine These: Die Metaphorik der Männlichkeit Gottes bezieht sich nicht auf seine Geschlechtlichkeit (Sexualität), sondern auf seine Nicht-Weiblichkeit. Die männliche Metaphorik ist daher eine Hilfskonstruktion, um zu formulieren, daß Gott *in nicht-menschlicher Weise Ursprung des Lebens ist.*

Diese Auffassung ist offenbar die Basisvorstellung. Sie ist in mannigfachen Einzelvorstellungen und -regeln belegt. Diese laufen alle darauf hinaus, daß die Nähe zu Gott gerade als dem Heiligen, als dem überragenden Ursprung des Lebens, die *Unterbrechung der Vollzüge der normalen menschlichen Sexualität* bedeutet.

Gerade dann und dort, wo Gott Fruchtbarkeit schenken soll, darf der Mensch die Sexualität zunächst einmal im Vorfeld nicht praktizieren. Er muß Gott Raum geben, ihm die Fruchtbarkeit neu zu schenken.

Viele Tabuvorstellungen, die insbesondere mit Fruchtbarkeit und Geburt zusammenhängen, scheinen hier ihren Ursprung zu haben: Das Verbot des Geschlechtsverkehrs am Ort des Heiligtums (Damaskusschrift 12,1) bringt zum Ausdruck, daß nur dort, im Tempel, der Ursprung von Leben und Fruchtbarkeit liegt. In dieselbe Richtung weist das Verbot des Geschlechtsverkehrs am Sabbat (Jubiläenbuch 50,8 und b Jebam 90b: heilige Zeit statt heiligen Ortes). So ist auch alles zu verstehen, was dem Hohenpriester und anderen Priestern an sexuellen Beschränkungen auferlegt ist. Denn derartige kultische Askese soll für alle, die den Tempel besuchen, den Segen der Fruchtbarkeit um so reicher werden lassen. Derartige Restriktionen finden sich auch außerhalb des jüdisch-christlichen Bereiches regelmäßig dort, wo die Religion im übrigen Fruchtbarkeit und Segen stark betont.

Auch diverse Tabu-Vorschriften, heute häufig als Bestimmungen über »Unreinheit« abgetan, haben hier ihren Ursprung: Durch Verzicht auf praktizierte Sexualität im Namen Gottes wird diese »zu anderer Zeit« um so üppiger und segensvoller wiederhergestellt. Die »Unreinheit« der Frau nach der Geburt eines Kindes (Leviticus 12,2-5, entfaltet im Jubiläenbuch 3,9-14) und die damit verbundene Unterbrechung des Besuches des Heiligtums ist zum Beispiel Ausdruck der Auffassung, daß um das Zur-Welt-Bringen eines Kindes herum ein zeitlicher Tabugürtel liegt, der diese Zone der Gefährdung durch Signale der Unterbrechung schützt. Es ist wohl töricht, diese Tabuvorstellungen als Zeichen unaufgeklärten Unverstandes oder mangelnder Hochschätzung der Frau zu werten. Vielmehr: Die Entstehung von Leben ist eine Zone, in der man es direkt mit Gott zu tun hat; sie ist daher ein Bereich von Furcht und Schrecken. Wenn Gott hier Segen spenden soll, darf der Mensch nicht einwirken, muß er für eine Zeit »die Finger davon lassen«.

Aber diese religionsphänomenologisch zu erhebenden Daten haben auch narrative Entsprechungen, etwa in den Erzählungen über die Unfruchtbarkeit von Patriarchenfrauen. Die Unterbrechung der menschlichen Möglichkeiten, Kinder in die Welt zu setzen, ist stets Vorbedingung des direkten, segensreichen Eingreifens Gottes.

Daher gilt: Alles, was die Entstehung des Lebens betrifft, steht zum kultischen Bereich in einer deutlichen Spannung. Was sich dabei immer wieder als Verbot oder Berührungsangst äußert, beruht weder auf einer Geringschätzung der Frau noch auf der Geringschätzung des Lebens. Vielmehr sind normale menschliche Sexualität und Fruchtbarkeit durch das »Heilige« im strikten Sinne des Wortes bedroht und bedingt zugleich. Bedroht, weil Tempel und heilige Fristen Sexualität ausschließen. Bedingt, weil gerade diese Leerzone um so intensiver neue Fruchtbarkeit gewährt. Denn in dieser Leerzone handelt Gott. Von daher ist verständlich zu machen, weshalb Gott als »männlich« gedacht wird. Er ist Ursprung des Lebens und des Kindersegens, aber nicht in seiner Sexualität, sondern durch den Segen, den er als Schöpfer spendet.

Von Anfang an ist klar, daß diese Verbindung von Gott und Fruchtbarkeit in der Religion Israels in anderem Sinne gedacht wird als in den umliegenden Religionen. *Einerseits* finden sich bei den Propheten die Bilder von Gott als dem Ehepartner Israels. Man könnte sagen: Das ist die eine Linie, auf der die Erfahrung der Verschiedenheit des Gottes Israels gegenüber anderen Göttern entfaltet wird; Gott erhält einen menschlichen kollektiven Partner, den er »liebt«.

Andererseits aber ist weit über den Wirkungsbereich dieser Vorstellungen hinaus im Alten Testament von Gott mit männlichen Attributen die Rede. Besonders äußert sich das in der Metaphorik von Vater und Kindern. Gerade diese Metaphern wurden auch für das Neue Testament wichtig. Man kann sagen: gerade diese Vater-Metaphorik ist die andere Linie, auf der von der Männlichkeit Gottes die Rede ist. Niemand wird bestreiten, daß – im Unterschied zur Metapher des Lehrers oder des Gesetzgebers – für die Vater-Metaphorik die Dimension Erzeugung und Ursprung des Lebens sowie Lebenkönnen entscheidend ist.

Aber ebenso klar ist: Gott und der gesamte Bereich des Heiligen sind nicht einfach eine Fortsetzung des menschlichen Erzeugens und Lebengebens. Statt von Fortsetzung ist vielmehr von einem Gegenüber zu sprechen. Gott wird nicht weiblich gedacht, weil er zu diesem gesamten Bereich kreatürlichen Zeugens und Gebärens in strikter Distanz steht, und zwar als der, der Segen gibt. Von seinem Segen und Willen hängt schlechterdings alles ab. Dabei ist Gott nicht einfach magisch manipulierbarer Garant, sondern er hat einen – unter Umständen auch gefährlichen – Willen. Und der ist hier genau so wichtig wie bei der Erwählung Israels zur Gefährtin. Weil Gott einen Willen hat, muß man auch im Tempel um Segen bitten.

Gott wird mithin, wenn es um diese Art Ursprung des Lebens geht, aus gutem Grund als der nicht-weibliche gedacht. Die Vater-Metaphorik impliziert daher nicht die Vorstellung der männlichen Sexualität Gottes, die mit der weiblichen konkurrierte. Sondern sie ist gewählt als Ausdruck der Differenz zur menschlichen Weise, in der Leben entsteht.

Anders gesagt: da es nach unserer Erfahrung nur zwei Geschlechter gibt, konnte man zur Bezeichnung der Differenz menschlicher und göttlicher Weise Leben zu geben nur auf das Andere gegenüber menschlicher Weise zurückgreifen. Die Wahl männlicher Metaphorik ist daher eher so etwas wie eine Verlegenheitslösung. Diesen Ausdruck darf man nicht mißverstehen, es geht ja nicht um ein Hin- und Her-Überlegen von Theologen, die schließlich auf eine Notlösung verfallen. Wenn man es besser sagen will, dann vielleicht so: Gott sendet Leben und Segen als der Vater, denn er steht in größerer Distanz. Er ist als Mann weiter weg von Zeugen und Gebären. Er ist der Fremde in der Kinderstube. Die Weise seines Segens ist überhaupt nicht wie Kinderzeugen und -kriegen.

Gerade diese Fremdheit Gottes gegenüber dem gesamten Bereich der »Gynäkologie, Geburtshilfe und Säuglingsfürsorge« wertet das Vater-Sein Gottes nicht ab, aber macht es fremder.

Oder mit Hilfe der Kategorie des Heiligen formuliert: Alles Heilige ist lebensfeindlich wie lebensförderlich, und beides ist es ganz intensiv. Es ist lebensfeindlich, weil kreatürliche Vollzüge hier aussetzen. Es ist lebensförderlich, weil an Gottes Segen alles gelegen ist. Das Aussetzen der kreatürlichen Vollzüge ist ein Kapitel über »Gnade ohne Werke«.

Und schließlich, um Mißverständnisse auszuschließen: Wir haben versucht, den Ansatz des Alten Testaments zu rekonstruieren. Wir haben nicht ewige Wahrheiten über Mann und Frau entwickelt, sondern uns gefragt, wie es kommt, daß die Bibel so von Gott redet, wie sie es tut. Der schlichte Rückgriff auf die Erklärung durch »patriarchalische Gesellschaftsstrukturen« erschien uns nicht angemessen. Denn er bringt ja gar nicht zum Ausdruck, um was es hier in Wahrheit geht: Um den Unterschied zwischen Schöpfergott und Kinderzeugen. Kinderzeugen (von Mann und Frau gesagt) ist eben nicht göttlich, sondern kreatürlich. Gott tut anderes dafür. Und für das, was er tut, ist weibliche Metaphorik hier nicht geeignet. Wenn irgendwo nicht, dann hier. Denn Frauen stehen für den kreatürlichen Ursprung des menschlichen Lebens, ohne daß damit alles über Frauen gesagt wäre. Man kann es auch in der späteren Mariologie beobachten: Maria steht immer für die Menschheit. Jedes (auch jedes männliche) Zisterzienserkloster ist ihr gewidmet, weil sie – so ist es auch Auffassung der Reformatoren – Symbol für die Menschen ist und eben nicht göttlich.

Wir haben bereits gehört: Im Rahmen mystischer Theologie war es immer selbstverständlich, von Gott als dem über die Geschlechterdifferenz Erhabenen zu reden. Nur hat eben mystisch-»negative« Theologie ihren eigenen Sitz im Leben, der nicht ohne weiteres der volkstümlich einprägsamer Metaphorik ist.

Was aber die Angewiesenheit auf Metaphorik angeht, so gilt wohl: Als weiblich »gedachter« würde Gott gerade als der Ursprung des Lebens als zu menschlich erscheinen. Und wir haben gesehen: Die Bibel markiert im Feld der Entstehung des Lebens die Differenz Mensch / Gott durch Signale der Unterbrechung. Über den Ursprung des Lebens bei Gott muß anders gedacht und geredet werden als über den Ursprung beim Menschen. Die weibliche Metaphorik taugt nicht zur Benennung für das, was Gott sich selbst vorbehalten hat. – Und andererseits ist die Verwendung männlicher Metaphorik vor allem Ausdruck der Verlegenheit, über Gott nicht wie über ein Neutrum reden zu können. Denn darunter würde sogleich der Personbegriff oder die Personmetaphorik leiden. Menschen können sich Personen nur als weiblich oder männlich vorstellen.

Dieser im wesentlichen alttestamentliche Ansatz wiederholt sich in

Variationen im Neuen Testament: Indem Jesus von Gott als seinem Vater redet, wird seine menschliche Mutter nicht abgewertet und nicht religiös verdrängt. Auch Martin Luther intendiert jedenfalls alles andere als das!

Ihre besondere Brisanz haben diese Überlegungen für die gegenwärtige Diskussion: Die Rede von Gott als Vater ist keineswegs leichtfertig durch die Gott-Mutter-Prädikation oder ähnliches zu ersetzen. Unsere Überlegungen sollten Anlaß dazu sein, neu über den biblischen Lebensbegriff und die Person-Metaphorik nachzudenken.

Und um nochmals Mißverständnissen vorzubeugen: Unsere Aussagen über biblische Metaphorik und ihre Gründe sind zu unterscheiden von ethischen Anliegen über die Beseitigung des Unrechts gegenüber Frauen auch in christlichen Kirchen. Freilich sind im Rahmen der Wirkungsgeschichte biblischer Vorstellungen negative Auswirkungen nicht einfach dadurch zu bessern, daß man die Metaphorik umdreht.

Und was die Konsequenzen für den Gottesdienst betrifft: Einige christliche Kirchen (Orthodoxe und Katholiken) haben ein besonderes Verständnis von Repräsentation Gottes und der himmlischen Welt besonders in der Liturgie. Dieses steht in besonderer Beziehung zur biblischen Metaphorik. Im Rahmen der gegenwärtigen Diskussion um geistliche und liturgische Ämter für Frauen wird in diesen Kirchen möglicherweise gefühlsmäßig und jedenfalls juristisch oft schlecht begründet argumentiert. Es könnte sein, daß das, was in dieser Diskussion häufig nur oberflächlich als Geschmacksfrage erscheint, in Wahrheit tiefere Ursachen hat, nämlich in der Metaphorik der Bibel. Liturgie ist oft inszenierte und ritualisierte Metaphorik. Das ist übrigens kein ästhetisierend-spielerischer Vorgang, sondern der Ernst der Verkündigung.

Orthodoxe und Katholiken haben, das zeigt sich bei dieser Gelegenheit, ein Verständnis von Liturgie und Amt, das von dem der reformatorischen Kirchen bisweilen, von dem der Freikirchen aber grundlegend abweicht. Denn für Orthodoxe und Katholiken besteht einmal ein grundsätzlicher Zusammenhang von Liturgie und Amt (das ist spurenweise auch bei Lutheranern noch so), vor allem aber ist Liturgie bei Orthodoxen und Katholiken ein Stück inszenierter Himmel. Die himmlische Wirklichkeit ist dem Bereich von Zeugen und

Gebären auf die oben geschilderte Weise entrückt, und zwar gerade um ihn zu segnen. Die Ehelosigkeit des höheren Klerus auch bei den Orthodoxen und die Abwesenheit von Frauen am Altar beim Zelebrieren der himmlischen Geheimnisse hat daher denselben Grund: die Spannung zwischen Sexualität und Gottesbild. Diese ist ganz tief alttestamentlich begründet. Sie liegt in der grundlegenden Differenz zwischen Israel und den umgebenden Religionen. Überall dort ist Fruchtbarkeit und Kinderkriegen göttlich. Im Alten Testament ist alles das menschlich, zutiefst abhängig von einem asexuellen Schöpfer, der eben tatsächlich, um ein riskantes Bild zu gebrauchen, wie ein handwerklicher Großvater »jenseits von gut und böse« ist.

Um den reformatorischen Kirchen hier Gerechtigkeit widerfahren zu lassen, ist ihr Verständnis von Gottesdienst darzustellen: Gottesdienst ist nicht und in gar keiner Weise Abbild der himmlischen Welt oder Inszenierung himmlischer Geheimnisse. Gottesdienst ist eine Versammlung der Gemeinde, und hier geht es um Wort und Gebet. In erster Linie ist der Gottesdienst missionarisch-katechetische Veranstaltung, nicht symbolisch-heiliges Drama. Und dieses zu sagen bedeutet zugleich festzustellen, wie stark der nachkonziliare katholische Gottesdienst diesem Phänomen der missionarisch-katechetischen Veranstaltung angeglichen worden ist.

Mit der steigenden Wahrnehmung der Eucharistie bei den Protestanten ist freilich eine andere Entwicklung eingeleitet. Man sollte jeden evangelischen Pfarrer, jede Pfarrerin dazu verpflichten, einmal im Leben die »Göttliche Liturgie des Johannes Chrysostomus« wirklich zu studieren und zu begreifen. Das wäre eine hilfreiche ökumenische Maßnahme.

Für die Frage nach der Personalität Gottes ergibt dieser Abschnitt: Die Tabus rund um das Thema Sexualität und Entstehung des Lebens sind ein heikles Gebiet. Da der Gott der Bibel nicht sexuell gedacht ist, steht seine Personhaftigkeit auf dem Spiel. Die männliche Metaphorik in den Aussagen über Gott schützt die Personhaftigkeit Gottes. Nicht mehr und nicht weniger leistet sie.

Der Konflikt zwischen Fruchtbarkeits- und Schöpfungsreligion, der hier den Hintergrund bildet, ist auch heute aktuell. Ist Sex göttlich – oder kreatürlich?

30. *Studieren für das Pfarramt* *Reformerische Ansichten*

Solange das Berufsbild nicht mehr klar ist, kann auch das Studium nicht zum Besseren geregelt werden. Um die Bedeutung des Berufsbildes kurz zu illustrieren: Die theologische Fakultät in Heidelberg, an der ich lehre, orientiert sich am Bild des humanistischen Gelehrten des 16. Jahrhunderts, der vor allem exzellent Latein, Griechisch und Hebräisch kann. Philipp Melanchthon aus dem nahen Bretten ist im wesentlichen dafür verantwortlich – nur ein Beispiel dafür, wie das Berufsbild oft unkontrolliert über Jahrhunderte hin alle Schritte der Ausbildung bestimmt. Und das, was im folgenden vor allem über katholische Priester gesagt wird, ist mit leichten Variationen auch für die protestantischen Geistlichen gültig, die »hauptberuflich« mit »vollen Rechten« ein Pfarramt verwalten. Aktuell wird dieses auch im gegenwärtigen Streit um die Ordination.

Ich möchte im folgenden nicht von den Pastoralreferenten und -assistenten sprechen, die ja gleichfalls Theologie zu studieren pflegen. Gegenwärtig ist weithin unklar, ob sich der Priester von den pastoralen »Laien«-Berufen nur dadurch unterscheidet, daß er die Wandlungsworte sprechen und die Krankenölung sowie die Absolution im Beichtgespräch geben darf. Mit dem Diakon zusammen hat er die Erlaubnis zu predigen (also Wortgottesdienste zu leiten), zu beerdigen und bei der Eheschließung zu assistieren. Von dieser Praxis her gesehen könnte sehr leicht ein zölibatärer Priesterstand als überflüssig erscheinen. Wer, wie ich, nicht dieser Meinung ist, müßte denn schon ein neues (altes) Priesterbild entwerfen und das Studium darauf zuschneiden.

Ich will nun nicht diese wenigen »priesterlichen« Einzelpunkte aufbauschen und auf Kosten von theologisch gebildeten Laien isoliert hervorheben. An ihnen kristallisiert sich vielmehr nur der gesamte Zuschnitt des Priesterberufs. Essentiell ist für ihn die ganze Bandbreite der liturgischen, der spirituellen und der seelsorgerlichen Kompetenz im engeren Sinne. Das heißt zunächst negativ abgegrenzt: Zum Priester gehört wohl theologische Ausbildung (Wissen) und praktische Eignung (z.B. Jugendarbeit, Organisieren von Festen), aber nicht in spezifischer Weise. Natürlich soll auch weiterhin das Studium der Philosophie vorausgehen; bei protestantischen Theologen spürt man das Defizit der fehlenden Philosophie oft schmerzlich. – Doch die wesentlich priesterlichen Punkte sollten in der Ausbildung ein stärkeres Gewicht erhalten.

Beginnen wir mit der Liturgie. Für mich ist Liturgik das zentrale Fach für die Ausbildung zum Priester, und zwar inklusive Predigtausbildung. Denn der Gottesdienst der Kirche ist noch immer der Ort, an dem die Bibel, die Lehre der Kirche und auch Seelsorge im weiteren Sinne umgesetzt werden. Liturgie ist der Ernstfall, auf den hin doch diese Dinge studiert werden, denn hier werden sie angewandt. Dabei denke ich an die Liturgie der Sakramentenspendung im weiteren Sinne, nicht nur an die Eucharistie. Die Liturgiegeschichte der gesamten Kirche bringt dabei einen Reichtum an geistlichen Texten höchster Qualität, den kein einzelner ausloten kann. So bin ich z. B. seit einiger Zeit dabei, einen Kommentar zum ganzen Neuen Testament aus den liturgischen Gebeten des Mittelalters zu verfassen, um deren Leistung für die Schriftauslegung zu dokumentieren. Zur liturgischen Ausbildung gehört auch der gerade in der Gegenwart schmerzlich vermißte Sinn für das, was »dem Stil nach« (sachlich, theologisch, rituell) in eine katholische Liturgie paßt und was nicht, auch der Sinn für Kunstgeschichte, auch das Latein. Und ferner: liturgische Gewänder, die man vielerorts bereits für völlig überflüssig hält. Das heißt: Die Liturgie vermittelt Schriftauslegung, Dogmatik der Kirche, Volksfrömmigkeit und Spiritualität miteinander. Ein Priester muß unbedingt etwas über die göttliche Liturgie des hl. Johannes Chrysostomus wissen, und ebenso eine Ahnung haben von den Liturgien »östlich von Byzanz«. Er sollte z. B. wissen, daß in der syrischen Kirche eigene Totenritualien für Frauen und für Männer bestehen. Er sollte nicht zuletzt auch die Geschichte der Volksfrömmigkeit kennen, und zwar nicht um sich darüber zu erheben, sondern um sensibel werden zu können für das, was daraus überleben kann.

Der zweite Bereich, in dem ein Priester kompetent sein muß, ist die Spiritualität. Über das Anhören von Meditations-Punkten nach der Art des hl. Ignatius und entsprechende Exerzitien bin ich leider in meiner Jugend nicht hinausgekommen. Unsere Spirituale waren, und das ändert nichts an der menschlichen Hochschätzung ihnen gegenüber, öfter verhinderte Professoren oder Hobby-Psychologen. Ein Spiritual im Hause ersetzt auch nicht eine diesbezügliche Ausbildung. Daß es neben der jesuitischen Spiritualität jeweils zum Beispiel eine solche von Karmelitern, Kartäusern, Benediktinern oder Zisterziensern gibt, blieb verborgen. Für den Unkundigen waren nicht nur alle Katzen grau, sondern dieser ganze Betrieb erschien als reichlich überflüssig. Das Studium war »ernsthaft«, Spiritualität dagegen eine unentdeckte Welt, von der nichts zu wissen einen »wissenschaftlichen Theologen« geradezu auszuzeichnen schien. Und auch das gehört zu den mangelnden Kenntnissen: Stimmt es denn zum Beispiel wirklich, daß »evangelische Spiritualität« in Losungen-Lesen und Bibelstunde aufgeht? – Hier ist sehr viel und – für die Ausbildung – Grundlegendes nachzuholen. Aber was soll man tun, bis es eines Tages auf diesem Gebiet wirkliche Lebemeister gibt? Ich zitiere einen evangelischen (!) Großstadtpfarrer, der mir gegenüber einmal bekannte: Die entscheidende theologische Zeit in seinem Leben waren fünf Monate in einem Kartäuserkloster. Denn hier und nur hier sei es wirklich zur »Sache mit Gott« gegangen. Er zehre noch nach Jahrzehnten von dieser grundlegenden praktischen Erfahrung. Denn Spiritualität ist offensichtlich nicht nach Art von Wissenschaft zu erlernen, sondern nur, indem man sie tut, und zwar indem man sie unausweichlich üben muß. »Kloster auf Zeit« halte ich daher für eine Minimal-Anforderung an jeden künftigen Priester. Wenn man nicht ohnehin dafür optiert, auch der Seelsorger der Zukunft solle in dieser oder jener Form einer klösterlichen Kommunität zugeordnet sein oder ihr angehören. Denn der fatale Eindruck ist, daß viele Priester in der Spannung zwischen Hochleistungs-Eremitendasein als Seelsorger rund um die Uhr und kleinbürgerlichen Verhältnissen mit Sofa, Wohnküche, Sauna und Wellensittich einfach verkommen.

Auch was die Seelsorge betrifft, so stößt man nicht überall auf gediegene Ausrichtung. Im Gegenteil, junge Priester erzählen mir oft, ihrer Diözese fehle ein grundlegendes Seelsorge-Konzept. Über den Bereich zwischen Beichte und Predigt kann ich als einigermaßen sensibler Laie vielleicht etwas sagen: Die Zukunft kann nicht weiterhin bei der Hobby-Psychologie liegen, die oft nach dem Motto verteidigt wird: »Das Studium hat nichts (!) gebracht, aber dann die Psychologie«. Der Satz Karl Rahners von dem Christ, der Mystiker sein wird, gilt für das oben zur Spiritualität Gesagte. Hier, im Bereich der Seelsorge, gilt (auch) ein anderer Satz: »Die Theologie der Zukunft wird Weisheit sein oder sie wird gar nicht mehr sein«. Zum Verständnis: Weisheit ist der Erfahrungsschatz der Menschheit, meist zugänglich in Spruchsammlungen – wie in der Bibel im Buch der Sprüche, bei Kohelet, Jesus Sirach, in der Logienquelle (Matthäus' und Lukas' gemeinsames Spruchgut) oder im Jakobusbrief. Aber es gibt riesige Sammlungen antiker Lebensweisheiten, von Altägypten über Babylon bis zu den Sprüchen des Sextus in der Alten Kirche, und auch viele spätere, zum Beispiel die manchmal scharfzüngigen des Jesuiten Balthasare Gracian. Weisheit ist nicht doktrinär und prinzipiengeleitet, sondern sie kommt aus der Erfahrung und bewährt sich an ihr. Die reichen Weisheitstraditionen sind Vertreterinnen des Mutterwitzes und ungezählter psychologischer Einsichten, die frei flottierend wesentlich überzeugender zu sein pflegen als in einen psychologisch-dogmatischen System. Die alten Beichthandbücher sind voll von ihnen.

Wie soll man das lernen? Die Weisheitstexte der Bibel machen es heutigen Auslegern schwer; kaum einer kann hier mit Exegese glänzen. Weisheitliche Traditionen leben von Beispielen und Geschichten. Wir kennen das von manchen Juristen, auch von Medizinern, vor allem aber von Rabbinern. Vor allem die rabbinischen Texte sind zu begreifen als großes Arsenal von (manchmal halb juristischen) oft pfiffigen Weisheiten, die ihren eigenen Charme und Witz haben. An dieser Stelle trifft sich mein Desiderat mit einem anderen, das aber nicht spezifisch priesterlich ist und deshalb in den allgemeinen Bereich hineingehört: Der Theologe der Zukunft kommt ohne Kenntnisse der jüdischen (nicht: alttestamentlichen) und moslemischen Nachbar-Religionen nicht aus. Was soll man hier tun? Sich Kenntnisse erwerben, und zwar hauptsächlich zur eigenen Religion.

Der seelsorgerliche Priester und Beichtvater sollte etwas von einem Rabbi und etwas von einen Starizen haben: Er sollte mit Engeln und Teufeln genauso umgehen können wie mit der Frage, wie ein entflohener Ehepartner wieder einzufangen sei. Gegebenenfalls sollte er, wie der legendäre Kölner Domkleriker, auch mit Mafiosi verhandeln können.

Nachweise

1. Frankfurter Allgemeine Zeitung 23. 5. 03.
2. Frankfurter Allgemeine Zeitung 26. 7. 03.
3. Frankfurter Allgemeine Zeitung 18. 7. 03.
4. unpubl.
5. Die Tagespost 1. 6. 95.
6. unpubl.
7. Frankfurter Allgemeine Zeitung 14. 9. 04.
8. Die Tagespost 30. 10. 04.
9. Frankfurter Allgemeine Zeitung 19. 2. 05.
10. unpubl.
11. Die Tagespost 15. 7. 04 (verändert).
12. unpubl.
13. CICERO H. 3, 05.
14. DIE ZEIT 18. 3. 04.
15. Frankfurter Allgemeine Zeitung 4. 1. 94.
16. unpubl.
17. unpubl.
18. Frankfurter Allgemeine Zeitung 27. 5. 93.
19. unpubl.
20. Der Fall Hasenhüttl: unpubl.
    Der Fall Halbfas: Frankfurter Allgemeine Zeitung 20. 12. 04.
21. unpubl.
22. Die Tagespost 21. 12. 02.
23. Die Tagespost 30. 12. 03.
24. unpubl.
25. Frankfurter Allgemeine Sonntagszeitung 30. 12. 01.
26. unpubl.
27. unpubl.
28. unpubl.
29. »Ist Gott Person? Ein Weg zum Verstehen des christlichen Gottesbildes«, Gütersloh 2004, 74-82.
30. unpubl.